BIBLIOTHECA
SCRIPTORVM GRAECORVM ET ROMANORVM
TEVBNERIANA

BT 1839

P. CORNELIVS TACITVS

LIBRI QVI SVPERSVNT

TOM II · FASC. 3
AGRICOLA

EDIDIT
JOSEF DELZ

EDITIONEM ALTERAM CVRAVIT
J. VON UNGERN-STERNBERG

DE GRUYTER

ISBN 978-3-11-022419-1
e-ISBN 978-3-11-023908-9
ISSN 1864-399X

Bibliografische Information der Deutschen Nationalbibliothek

Die Deutsche Nationalbibliothek verzeichnet diese Publikation in der Deutschen Nationalbibliografie; detaillierte bibliografische Daten sind im Internet über http://dnb.d-nb.de abrufbar.

© 2010 Walter de Gruyter GmbH & Co. KG, Berlin/New York

Druck: AZ Druck und Datentechnik GmbH, Kempten
∞ Gedruckt auf säurefreiem Papier

Printed in Germany

www.degruyter.com

PRAEFATIO

In hoc opusculo edendo neque de Taciti librorum fatis in universum praefari mihi proposui neque qua via celeberrimus ille codex Hersfeldensis (sive fuit Fuldensis), qui Taciti scripta minora et fragmentum de grammaticis et rhetoribus continebat, quinto decimo saeculo in Germania repertus, ltalorum sollertia non sine machinationibus obscuris Romam advectus, denique discerptus descriptus amissus sit fusius renarrare. Agricolae quidem textus per quattuor fere saecula editionibus Francisci Puteolani et duobus manuscriptis Vaticanis (Val. lat. 3429 et 4498) nitebatur, cum ecce anno 1902 Aese (i. e. vulgo Iesi) in bibliotheca comitis Balleani repertus est codex Dictyn Cretensem atque Taciti Agricolam et Germaniam amplectens (Aesinas lat. 8), qui a Stephano Guarnieri ante annum 1474 consarcinatus et partim ab eo ipso scriptus (ut demonstravit inventor felix Caesar Annibaldi) unum quaternionem et duo folia veteris illius codicis in lucem reddidit[1]. Paulo ante inno-

---

[1] Vide sis, ut commentationes minoris momenti praetermittam:
C. ANNIBALDI, L'Agricola e la Germania di Cornelio Tacito nel MS. Latino N. 8 della biblioteca del Conte G. Balleani in Iesi, Città di Castello 1907. – R. SABBADINI, Storia e critica di testi latini, Catania 1914 (repr. Hildesheim 1974), 263–287. – R. P. ROBINSON, The germania of Tacitus, Middletown (Connecticut) 1935, 1–78. – R. TILL, Handschriftliche Untersuchungen zu Tacitus Agricola und Germania mit einer Photokopie des Codex Aesinas, Berlin 1943. – L. PRALLE, Die Wiederentdeckung des Tacitus, Fulda 1952. – N. RUBINSTEIN, An unknown letter by Jacopo di Poggio Bracciolini on discoveries of classical texts, Italia Medioevale e Umanistica 1, 1958, 383–400. – B. L.

tuerat alius codex Taciti Germaniam et Agricolam necnon miscellanea quaedam continens, quod ad Agricolam attinet duobus Vaticanis aliquantum praestantior (Toletanus 49,2)[2]; quem anno 1474 Fulginiae a M. Angelo Crullo satis fideliter ex Aesinati descriptum ad textum constituendum exigui momenti esse mox apparuit.

Codicem Hersfeldensem (H) – Aesinatem (E), caput et fundamentum textus constituendi, ipsum non vidi, sed imaginibus lucis ope confectis usus sum, quas Rudolfus Till publici iuris fecit (v. adn. 1). Cuius descriptionem accuratissimam hic compilare nolui; nam eam adire debet quicumque de codicis indole, de scripturae genere, de correctionibus illatis aliquid subtilius cupit scire. Id unum vir doctissimus neque mihi neque aliis persuasit, correctorem saeculi noni – qui non est scriba codicis – correctiones et varias lectiones omnes suo Marte addidisse. Quoniam nonnullae plane sunt corruptae aut sensu carent, ex altero exemplari eas desumptas esse concludendum est.

Codicem Toletanum 49,2 (T) non vidi (v. adn. 2).

Codex Vaticanus latinus 3429 (A) constat ex editione Veneta-Spirensi inter annos 1470 et 1473 impressa Taciti Annalium partem tum notam Historias Germaniam Dialogum continente et sedecim foliis chartaceis, quorum

---

ULLMAN, Pontano's handwriting and the Leiden manuscript of Tacitus and Suetonius, Italia Medioevale e Umanistica 2, 1959, 309–335. – G. BRUGNOLI, La vicenda del codice Hersfeldense, Rivista di Cultura Classica e Medioevale 3, 1961, 68–90.

2 O. LEUZE, Die Agricola-Handschrift in Toledo, Philologus Suppl. 8, 1899–1901, 513–556 (cum collatione lectionum). – F. F. ABBOTT, The Toledo Manuscript of the Germania of Tacitus, Decennial Publications of the University of Chicago 6, 1904, 215–258 (cum descriptione totius codicis).

quattuordecim Agricolam manu scriptum praebent, duo vacua sunt. Quod Fulvius Ursinus olim huius libri possessor annotavit, Agricolam manu Pomponii Laeti scriptum esse, iam dudum addubitatum G. Muzzioli vir huius rei peritissimus refellit[3]; sed error ut a novissimis editoribus ita ab aliis usque redintegratur.

Codex Vaticanus latinus 4498 (B) membranaceus saeculo XV exeunte scriptus inter multa alia Taciti Agricolam Dialogum Germaniam continet; codex nitide scriptus mendis scatet.

Vaticanos denuo contuli, pauca rectius me legisse contendo quam Urlichs et Andresen, e quorum editionibus recentiores omnes pendent.

Codicem Hersfeldensem ceterorum testium fontem unicum fuisse nemo fere est qui nunc dubitet, et Stephanum Guarnieri eas partes quae veterem quaternionem praecedunt et sequuntur (i. e. 1,1 – 13,1 *munia* et 40,2 *ad Agricolam* – 46,4) ex vetere exemplari integro descripsisse verisimile est, etsi demonstrari id quidem non potest et sunt qui eum aliquod apographon Hersfeldensis adhibuisse arbitrentur[4]. At de gradu cognationis inter AB et HE valde discrepant virorum doctorum opiniones. Et primum quidem A et B multis vitiis inter se cohaerent, B insuper multa peculiaria exhibet, sed B non ex A fluxisse demonstratur e. g. locis 10,3, ubi A voculam *in* omisit, et 22,2, ubi H duplicem lectionem praebet: *pactione ac fuga* in textu, *aut* in margine, A *pactione ac fuga*, B *pactione*

---

3 G. MUZZIOLI, Due nuovi codici autografi di Pomponio Leto, Italia Medioevale e Umanistica 2, 1959, 337–351; ad Val. lat. 3429 v. p. 347.
4 e. g. M. LENCHANTIN DE GUBERNATIS in editione Paraviana, Torino 1949, p. VIIIsqq., B. L. ULLMAN (v. adn. 1) 320 n. 2, R. M. OGILVIE in editione Agricolae, Oxford 1969, 86.

aut fuga; postulandus est ergo fons communis, in quem duplex lectio ex H manaverit. Id exemplar deperditum linea ut aiunt directa ex Aesinati descendisse multi contenderunt[5], sed mihi scrupulum iniecit locus 11,4, ubi AB recte habent *in bellis*, E contra voculam *in* omisit. Qua de causa Hersfeldensem ab alio quodam descriptum esse priusquam in manus Stephani Guarnieri veniret mihi persuasum habeo. Neque mirum est aliquot exempla interisse, in quorum numero fortasse habendus est codex ille vetus a Fulvio Ursino saepius laudatus, nisi aut fictus aut liber typis expressus adiunctis cuiusdam adnotationibus fuit.

Ad textum constituendum nihil interest utrum AB ex E fluxisse putemus an ex alio Hersfeldensis apographo, sed multum interesset ad apparatum criticum instruendum, si stricta artis criticae regula uti voluissem. Nam si re vera AB ex E pendent, eorum lectiones ex apparatu critico abiciendae erant exceptis scribarum coniecturis et emendationibus. Nunc autem non solum in principio et in fine, sed etiam in ea parte ubi H exstat, lectiones illorum codicum sedulo notavi (sed non curavi quisquilias orthographicas et neglexi quasdam codicis B ineptias), non quia aliquid boni inesse crediderim, sed ut indoles utriusque a lectore cognosci et pretium perpendi posset, ut depravationem textus illustrarem qualis a Francisco Puteolano circa annum 1475 primum typis mandatus est. Puteolanus ipse quidem aliquot menda sustulisse, alia intulisse videtur, sed exemplar quo typotheta nisus est ut fere fit non exstat; consentit enim modo cum A (e. g. 6,3 *praeturam quaesturam*, 11,3 *aestimati* A *extimati* Puteolanus

---

5 e. g. E. DE SAINT-DENYS in editione Agricolae, Paris 1942, p. XXX et nuperrime CH. E. MURGIA, The minor works of Tacitus: A study in textual criticism, Classical Philology 72, 1977, 323–343.

aestimanti recte B) modo cum B (e. g. 9,4 *etiam saepe*, 28,1 *Usipiorum*, 42,1 *Asiae et Africae*). Proximae editiones Beroaldi et Rhenani totae ex Puteolana et ipsorum editorum ingenio pendent[6].

In textu constituendo editiones veteres et recentiores quam plurimas adhibui, et imprimis Rudolfum Till et R. M. Ogilvie aliquantum profecisse grato animo profiteor. Emendationes et coniecturas virorum doctorum quoad potui primis auctoribus vindicavi. Eorum nomina quorum coniecturae per Aesinatem comprobatae sunt uncis inclusa lectionibus H et E adscripsi. Ipse in textu pauca novavi, plura in apparatu critico proposui, interpunctionem saepius mutavi.

BASILEAE   I. DELZ

I. Delz novae editioni nonnullas emendationes atque additamenta inserere in animo habuit. Quae in exemplari, quo ipse usus est, inventa memoriae eruditissimi viri mihique amicissimi serviens hic exposui. Unum ipse addo, codicem Aesinatem H, quem ei anno demum 1986 videre contigit, Romam interim in Bibliothecam Nationalem translatum signaturam accepisse Vitt. Em. 1631.

BASILEAE, Id. Iun. MMX   G. DE UNGERN-STERNBERG

---

[6] De tribus Puteolani editionibus quas contuli vide Indicem operum; non licuit mihi inspicere editionem Mediolanensem anni 1475 epistula Puteolani editoria carentem, quam affert D. Reichling, Appendices ad Hainii-Copingeri Repertorium bibliographicum, Additiones et Emendationes fasc. VI, Monachi 1910, p. 65sq. sub numero 1876.

INDEX OPERVM

quae in apparatu critico solo auctoris nomine laudantur (asterico signavi quae ipse non vidi)

A. Editiones

Andresen   Cornelii Taciti de vita et moribus Iulii Agricolae liber. Ad fidem codicum Vaticanorum recensuit atque interpretatus est Georgius Andresen. Berolini 1880.

Andresen   P. Cornelii Taciti libri qui supersunt recognovit Carolus Halm. Ed. V. curavit Georgius Andresen. Tom. 11, fasc. 2: Germania. Agricola. Dialogus de oratoribus. Lipsiae 1914.

*Bach   Cornelii Taciti operum quae supersunt. Emendavit et ... illustravit Nicolaus Bachius. Lipsiae 1834/35.

Becker   C. Cornelii Taciti De vita et moribus Cn. Julii Agricolae libellus. Textum recensuit et ad fidem codicis Vat. emendavit, notasque adspersit U. 1 H. Becker. Hamburgi 1826.

Bekker   Cornelius Tacitus ... ab lmmanuele Bekkero ... recognitus. Lipsiae 1831.

Beroaldus   P. Cornelii Taciti libri quinque noviter inventi atque cum reliquis eius operibus editi. Romae 1515.

*Bosius   Taciti Agricola cum notis I. Andr. Bosii. Ienae 1656 (1664).

*Brotier   C. Cornelii Taciti opera; recognovit, emendavit, supplementis explevit, notis, dissertationibus, tabulis geographicis illustravit G. Brotier. Parisiis 1771.

Buchner   Cn. lulii Agricolae vita scriptore C. Cornel. Tacito cum notis Augusti Buchneri primum editis cura Georgii Schubarti. Lipsiae 1683.

Ruperti	C. Cornelii Taciti opera minora ... recognovit ... Georgius Alexander Ruperti. Hannoverae 1832.
Till	Tacitus, Das Leben des Iulius Agricola. Lateinisch u. deutsch von Rudolf Till. Berlin (Darmstadt) 1961 (2. Aufl. 1975).
Urlichs	Cornelii Taciti de vita et moribus Iulii Agricolae liber ad codices Vaticanos ... edidit et recensuit Carolus Ludovicus Urlichs. Wirceburgi 1875.
Walch	Tacitus' Agrikola. Urschrift, Uebersetzung, Anmerkungen ... durch Georg Ludw. Walch. Berlin 1828.
Walther	C. Cornelii Taciti opera. Recensuit et commentarios suos adiecit Henricus Walther. Halis Saxonum 1831–33.
Wex	C. Cornelii Taciti de vita et moribus Cn. Iulii Agricolae liber. Ad fidem codicum denuo collatorum recensuit et commentariis enarravit Fr. Carolus Wex. Brunsvigae 1852.

B. Commentationes

Acidalius	Valentis Acidali, intercurrentibus et M. Ant. Mureti, notae in C. Cornelii Taciti opera, quae exstant. Collecta a Christiano Acidalio fratre. Hanoviae 1607.
*Bezzenberger	Georg Bezzenberger, Emendationum delectus. Dresdae 1844.
*Classen	Ioannes Classen, Symbolae criticae Partic. III. Hamburg 1866.
*Dahl	Jo. Chr. Guil. Dahl, Animadversiones criticae in Taciti Agricolam. Rostock 1802.
Eussner	Adam Eussner, Jahrbücher f. classische Philologie 22, 1876, 551–559 (editionis a Ludovico Urlichs curatae censura).
*Fröhlich	Johann von Gott Fröhlich, Verbesserungsvorschläge zu einigen Stellen aus Horatius, Tacitus und Theokritos. Munchen 1827 (vide etiam Halm ed. 1854 praef. XIII: 'Eius emendationes ineditas a. 1846 conscriptas Thomas mihi impertivit').
Heinsius	Nicolaus Heinsius, Animadversa in editione secunda ab J. A. Ernesti curata. Lipsiae 1772 (vol. 2, p. 681sqq.; cf. praef. p. XLVI).

*Heumann	Christoph August Heumann, Parerga critica sive hebdomadum criticarum hebdomas et glossematum decas ... Ienae 1712.
*Jacob	Friedrich Jacob, Bemerkungen zu Tacitus Agricola. Lübeck 1850 (1852?).
Leuze	Oscar Leuze, Die Agricola-Handschrift in Toledo, Philologus Suppl. 8, 1899–1901, 513–556.
Madvig	Ioannes Nicolaus Madvig, Adversaria critica II. Hauniae 1873.
Maehly	Jakob Maehly, Zur Kritik lateinischer Texte. Basel 1886.
*Muretus	Marcus Antonius Muretus, Notae in Tacitum, in: M. Antonii Mureti opera omnia ... cum brevi annotatione D. Ruhnkenii. Lugduni Bat. 1789 (tom. IV, p. 155sqq.).
Nipperdey	Karl Nipperdey, Vorläufige Bemerkungen zu den kleinen Schriften des Tacitus, Rheinisches Museum 18, 1863, 350–365; 19, 1864, 97–113 (= Caroli Nipperdeii Opuscula, Berolini 1877, 234–274).
Persson	Per Persson, Kritisch-exegetische Bemerkungen zu den kleinen Schriften des Tacitus. Uppsala & Leipzig 1927 (Skrifter utgivna av K. Humanistiska Vetenskaps-Samfundet i Uppsala 24:4.).
Reitzenstein	Richard Reitzenstein, Bemerkungen zu den kleinen Schriften des Tacitus, Nachrichten v. d. Kgl. Gesellschaft der Wissenschaften zu Göttingen, phil.-hist. Kl. 1914, 173–276 (= Aufsätze zu Tacitus, Darmstadt 1967, 17–120).
*Scheffer	J. Scheffer, Miscellaneae observationes criticae in auctores veteres et recentiores (ed. a P. Burmanno et J. P. d'Orville). Amstelodami 1732–39.
Schömann	Georg. Frid. Schömann, Disputatio de locis quibusdam Taciti vitae Agricolae. Index scholarum in Universitate Litteraria Gryphiswaldensi per semestre hibernum anni MDCCCLIX ... habendarum(= Opuscula academica IV, Berolini 1871, p. 203–220).
Schütz	Hermann Schütz, Zu Tacitus Agricola, Jahrbücher f. classische Philologie 27, 1881, 269–280.

INDEX OPERVM   XV

*Selling	Christian Friedrich Georg Christoph Selling, Observationes criticae in C. Cornelii Taciti Agricolam. Curiae Regnitiorum (Hof) 1826.
Triller	Daniel Wilhelm Triller, Observationum criticarum in varios Graecos et Latinos auctores libri quatuor. Francofurti ad Moenum 1742.
Ursinus	Fulvius Ursinus, Notae ad Tacitum, in: Fragmenta Historicorum collecta ab Antonio Augustino, emendata a Fulvio Ursino ... Antverpiae 1595, p. 423–463.
Weissenborn	Wilhelm Weissenborn, Neue Jahrbücher f. Philologie u. Pädagogik 58, 1850, 25–50 (de editionibus Baiter – Orelli vol. II 1848 et F. Ritter 1848).
Wölfflin	Eduard Wölfflin, Jahresberichte: Tacitus, Philologus 25, 1867, 92–134; 26, 1867, 92–166; 27,1868, 113–149 (= Wölfflin, Ausgewählte Schriften, Leipzig 1933, 22–102).

SIGLA

H	Hersfeldensis i. e. Aesinatis latini 8 pars vetus (folia 56–63 necnon folia 69 et 76 partim rescripta), saec. IX
H^c	corrector eiusdem fere aetatis
H^m	variae lectiones manu eiusdem correctoris in margine adscriptae
(H)	foliorum 69 et 76 lectiones, quae legi quidem nequeunt sed ex variis lectionibus in margine adscriptis restituuntur

E	Aesinatis pars a Stephano Guarnieri scripta, ante a. 1474
E^c	correctiones eadem ut videtur manu textui illatae
E^m	variae lectiones a Stephano Guarnieri in margine adscriptae

A	Vaticanus latinus 3429, saec. XV exeuntis
A^c	correctiones eadem ut videtur manu textui illatae
A^m	variae lectiones eadem manu in margine adscriptae
A$^{v.l.}$	variae lectiones eadem manu supra lineam scriptae

B	Vaticanus latinus 4498, saec. XV exeuntis
T	Toletanus 49,2, a. 1474 (codicis lectiones perraro indicantur)

P. CORNELII TACITI

AGRICOLA

1. Clarorum virorum facta moresque posteris tradere, antiquitus usitatum, ne nostris quidem temporibus quamquam incuriosa suorum aetas omisit, quotiens magna aliqua ac nobilis virtus vicit ac supergressa est vitium parvis magnisque civitatibus commune, ignorantiam recti et invidiam. sed apud priores ut agere digna memoratu pronum magisque in aperto erat, ita celeberrimus quisque ingenio ad prodendam virtutis memoriam sine gratia aut ambitione bonae tantum conscientiae pretio ducebatur. ac plerique suam ipsi vitam narrare fiduciam potius morum quam adrogantiam arbitrati sunt, nec id Rutilio et Scauro citra fidem aut obtrectationi fuit. adeo virtutes iisdem temporibus optime aestimantur, quibus facillime gignuntur. at nunc narraturo mihi vitam defuncti hominis venia opus fuit, quam non petissem incusaturus. tam saeva et infesta virtutibus tempora.

2. Legimus, cum Aruleno Rustico Paetus Thrasea, Herennio Senecioni Priscus Helvidius laudati essent, capitale fuisse, neque in ipsos modo auctores, sed in libros quoque eorum saevitum, delegato triumviris ministerio ut monumenta claris-

---

CORNELII TACITI DE VITA IVLII AGRICOLAE LIBER INCIPIT E   CORNELII TACITI DE VITA ET MORIBVS IVLII AGRICOLAE A   Cai Corneli Taciti de uita et moribus Julii Agricolae. prohemium B

16 *post* incusaturus *dist.* Wex   **16–17** saevia et infaelicia B
18 Vidimus *Lipsius, recte ut opinor* (*Mus. Helv. 27, 1970, 236*)
20 forum B   **21** monim- B

2 simorum ingeniorum in comitio ac foro urerentur. scilicet illo igne vocem populi Romani et libertatem senatus et conscientiam generis humani aboleri arbitrabantur, expulsis insuper sapientiae professoribus atque omni bona arte in exilium acta,
3 ne quid usquam honestum occurreret. dedimus profecto grande patientiae documentum; et sicut vetus aetas vidit quid ultimum in libertate esset, ita nos quid in servitute, adempto per inquisitiones etiam loquendi audiendique commercio. memoriam quoque ipsam cum voce perdidissemus, si tam in nostra potestate esset oblivisci quam tacere.

1   3. Nunc demum redit animus; sed quamquam primo statim beatissimi saeculi ortu Nerva Caesar res olim dissociabiles miscuerit, principatum ac libertatem, augeatque cottidie felicitatem temporum Nerva Traianus, nec spem modo ac votum securitas publica, sed ipsius voti fiduciam ac robur adsumpserit, natura tamen infirmitatis humanae tardiora sunt remedia quam mala; et ut corpora nostra lente augescunt, cito exstinguuntur, sic ingenia studiaque oppresseris facilius quam revocaveris; subit quippe etiam ipsius inertiae dulcedo, et
2 invisa primo desidia postremo amatur. quid, si per quindecim annos, grande mortalis aevi spatium, multi fortuitis casibus, promptissimus quisque saevitia principis interciderunt, pauci, et ut ita dixerim non modo aliorum sed etiam nostri, superstites sumus, exemptis e media vita tot annis, quibus iuvenes ad senectutem, senes prope ad ipsos exactae aetatis terminos per
3 silentium venimus? non tamen pigebit vel incondita ac rudi

---

2 vocem *om.* B   5 occurrē B   6 grande *om.* B   11 sed *Croll* : et E A B *edd. recc. (cf. Reitzenstein 263², qui perperam contulit Agr. 36,3 et hist. 2,30,2)*   12–13 dissolubiles B   21 multi *Lipsius* : multis E A B   23 et ut ita *Rhenanus* : et uti E A B

voce memoriam prioris servitutis ac testimonium praesentium bonorum composuisse. hic interim liber, honori Agricolae soceri mei destinatus, professione pietatis aut laudatus erit aut excusatus.

4. Gnaeus Iulius Agricola, vetere et inlustri Foroiuliensium colonia ortus, utrumque avum procuratorem Caesarum habuit, quae equestris nobilitas est. pater illi Iulius Graecinus senatorii ordinis, studio eloquentiae sapientiaeque notus, iisque ipsis virtutibus iram Gai Caesaris meritus; namque Marcum Silanum accusare iussus et, quia abnuerat, interfectus est. mater Iulia Procilla fuit, rarae castitatis. in huius sinu indulgentiaque educatus per omnem honestarum artium cultum pueritiam adulescentiamque transegit. arcebat eum ab inlecebris peccantium praeter ipsius bonam integramque naturam, quod statim parvulus sedem ac magistram studiorum Massiliam habuit, locum Graeca comitate et provinciali parsimonia mixtum ac bene compositum. memoria teneo solitum ipsum narrare se prima in iuventa studium philosophiae acrius, ultra quam concessum Romano ac senatori, hausisse, ni prudentia matris incensum ac flagrantem animum coercuisset. scilicet sublime et erectum ingenium pulchritudinem ac speciem magnae excelsaeque gloriae vehementius quam caute adpetebat. mox mitigavit ratio et aetas, retinuitque, quod est difficillimum, ex sapientia modum.

5. Prima castrorum rudimenta in Britannia Suetonio Paulino, diligenti ac moderato duci, adprobavit, electus quem

---

1 seruitutis E (*Ursinus*) : senectutis A B   5 uoti^m (*pro* uetere) B foriuliensium B   6 Caesaris B   7 illi *Wölfflin* (*cf. hist. 1,48,2*) : Iul(i)i E A B : *del. Lipsius*   10 Silanum *Lipsius* : Sillanum E A : Sullanum B   12 honestatis B   13 eum E A : tamen B   18 in *om.* B   19 ultraque quam *Lipsius*   23–24 que *om.* B

contubernio aestimaret. nec Agricola licenter, more iuvenum, qui militiam in lasciviam vertunt, neque segniter ad voluptates et commeatus titulum tribunatus et inscitiam rettulit. sed noscere provinciam, nosci exercitui, discere a peritis, sequi optimos, nihil adpetere in iactationem, nihil ob formidinem recusare, simulque et anxius et intentus agere. non sane alias exercitatior magisque in ambiguo Britannia fuit: trucidati veterani, incensae coloniae, intercepti exercitus; tum de salute, mox de victoria certavere. quae cuncta etsi consiliis ductuque alterius agebantur, ac summa rerum et recuperatae provinciae gloria in ducem cessit, artem et usum et stimulos addidere iuveni, intravitque animum militaris gloriae cupido, ingrata temporibus quibus sinistra erga eminentes interpretatio nec minus periculum ex magna fama quam ex mala.

6. Hinc ad capessendos magistratus in urbem degressus Domitiam Decidianam, splendidis natalibus ortam, sibi iunxit, idque matrimonium ad maiora nitenti decus ac robur fuit. vixeruntque mira concordia, per mutuam caritatem et in vicem se anteponendo, nisi quod in bona uxore tanto maior laus, quanto in mala plus culpae est. sors quaesturae provinciam Asiam, proconsulem Salvium Titianum dedit, quorum neutro corruptus est, quamquam et provincia dives ac parata peccantibus, et proconsul in omnem aviditatem pronus quantalibet facilitate redempturus esset mutuam dissimulationem mali. auctus est ibi filia, in subsidium simul ac solacium; nam

2 nec B   3 iustitiam B   7 excitatior *Buchner, fort. recte (v. Wölfflin, Philologus 26, 1867, 142)*   8 intercepti *Puteolanus* : intersepti E A B (*quod frustra defendunt coll. hist. 3, 51, 1*)   15 degressus E A : digressus A^c B   19 appetendo B   22 ac E A : et B   23–24 quantilibet felicitatem B   25 auctus ... filia E^m A B : nactus ... filiam E   ac E : et A B

filium ante sublatum brevi amisit. mox inter quaesturam ac 3
tribunatum plebis atque ipsum etiam tribunatus annum quiete
et otio transiit, gnarus sub Nerone temporum, quibus inertia
pro sapientia fuit. idem praeturae tenor et silentium; nec enim 4
iurisdictio obvenerat. ludos et inania honoris medio rationis
atque abundantiae duxit, uti longe a luxuria, ita famae propior. tum electus a Galba ad dona templorum recognoscenda 5
diligentissima conquisitione fecit, ne cuius alterius sacrilegium
res publica quam Neronis sensisset.
  7. Sequens annus gravi vulnere animum domumque eius 1
adflixit. nam classis Othoniana licenter vaga dum Intimilios
(Liguriae pars est) hostiliter populatur, matrem Agricolae in
praediis suis interfecit praediaque ipsa et magnam patrimonii
partem diripuit, quae causa caedis fuerat. igitur ad sollemnia 2
pietatis profectus Agricola nuntio adfectati a Vespasiano
imperii deprehensus ac statim in partes transgressus est. initia
principatus ac statum urbis Mucianus regebat, iuvene admodum Domitiano et ex paterna fortuna tantum licentiam usur-
pante. is missum ad dilectus agendos Agricolam integreque ac 3
strenue versatum vicesimae legioni tarde ad sacramentum
transgressae praeposuit, ubi decessor seditiose agere narraba-

1 preturā questurā A (*inde* praeturam quaesturam *edd. Puteolani, Beroaldi, Basiliensis 1519*)   ac E A : et B   2 quietis B   3 transiit B : transit E A   temporum E A : ipm̄ B   4 tenor *Rhenanus* : certior E A B   5 rationis E A : luxuriae B   6–7 proprior B   7 bona *Griffiths, Class. Quart. 27, 1977, 437* [, sed v. Liv. 25,7,5]   8 effecit *Heinsius*   10 annum (*pro* annus) B   11 Intimilios *Gudeman 1902, Ogilvie* : in templo E A B (in Temelium *et* urbs *pro* pars *Ursinus ex 'cod. vet.'* Intemelios *Lipsius*   Intimilium *Mommsen CIL V p. 900*)   12 matrem E^c A B : nam matrem E T   15 affecti E (tati *s. l.*)   16 deprehensus est ac ... transgressus B   19 dilectus *Lipsius* : delectus E A B   21 ubi cum decessor E   21–6,1 ubi ... narrabatur *secl. Wex et Nipperdey, vix recte*

tur; quippe legatis quoque consularibus nimia ac formidolosa erat, nec legatus praetorius ad cohibendum potens, incertum suo an militum ingenio. ita successor simul et ultor electus rarissima moderatione maluit videri invenisse bonos quam fecisse.

1   8. Praeerat tunc Britanniae Vettius Bolanus, placidius quam feroci provincia dignum est. temperavit Agricola vim suam ardoremque compescuit, ne incresceret, peritus obsequi
2 eruditusque utilia honestis miscere. brevi deinde Britannia consularem Petilium Cerialem accepit. habuerunt virtutes spatium exemplorum, sed primo Cerialis labores modo et discrimina, mox et gloriam communicabat: saepe parti exercitus in experimentum, aliquando maioribus copiis ex eventu
3 praefecit. nec Agricola umquam in suam famam gestis exultavit: ad auctorem ac ducem ut minister fortunam referebat. ita virtute in obsequendo, verecundia in praedicando extra invidiam nec extra gloriam erat.

1   9. Revertentem ab legatione legionis divus Vespasianus inter patricios adscivit ac deinde provinciae Aquitaniae praeposuit, splendidae inprimis dignitatis administratione ac spe
2 consulatus, cui destinarat. credunt plerique militaribus ingeniis subtilitatem deesse, quia castrensis iurisdictio secura et obtusior ac plura manu agens calliditatem fori non exerceat. Agricola naturali prudentia, quamvis inter togatos, facile

---

2 potest E^m (*erasum*)   4 donos B   6 Bolanus B : Volanus E A
8 ne ⟨invidia⟩ incresceret *proposui Mus. Helv. 27, 1970, 234,* ne ⟨nimis⟩ incresceret *Prammer (cf. Heubner, Rhein. Mus. 116, 1973, 362)* obsequi E^c E^m A B : obsequii E B   10 Petillum E^m habuit E^m : *fort. scribendum* habuerunt⟨que⟩ virtutes spatium exemplorum. sed (*cf. ann. 13,8,1*)   virtutis E^c 11 exemplar E^m 19–20 proposuit B
22 adesse B   23 fori nõ E A : foreñ. B

iusteque agebat. iam vero tempora curarum remissionumque 3
divisa: ubi conventus ac iudicia poscerent, gravis intentus,
severus et saepius misericors; ubi officio satis factum, nulla
ultra potestatis persona; tristitiam et adrogantiam et avaritiam
5 exuerat. nec illi, quod est rarissimum, aut facilitas auctoritatem aut severitas amorem deminuit. integritatem atque absti- 4
nentiam in tanto viro referre iniuria virtutum fuerit. ne famam
quidem, cui saepe etiam boni indulgent, ostentanda virtute aut
per artem quaesivit; procul ab aemulatione adversus collegas,
10 procul a contentione adversus procuratores et vincere inglorium et atteri sordidum arbitrabatur. minus triennium in ea 5
legatione detentus ac statim ad spem consulatus revocatus est,
comitante opinione Britanniam ei provinciam dari, nullis in
hoc ipsius sermonibus, sed quia par videbatur. haud semper
15 errat fama; aliquando et eligit. consul egregiae tum spei filiam 6
iuveni mihi despondit ac post consulatum collocavit, et statim
Britanniae praepositus est, adiecto pontificatus sacerdotio.
    10. Britanniae situm populosque multis scriptoribus 1
memoratos non in comparationem curae ingeniive referam,
20 sed quia tum primum perdomita est. ita quae priores nondum

1 tempora E A : temporis et B   2 diversa *Lund, Class. Quart. 32,
1982, 179 coll. ann. 6, 51, 3 (sed cf. Cic. Mur. 74)*   3 nulla *Rhenanus* :
nullam E A B (*sed in* E *lineola supra* a *deleta esse videtur*)   4 persona
E^c (*Rhenanus*) : personam E A B   4–5 tristitiam ... exuerat *secl.
Peerlkamp, Wex, alii* (et avaritiam *secl. Acidalius*, et adrogantiam et
avaritiam *secl. Büchner*), *sed cf. ann. 6,25,2*   5 facultas B   6 deminuit
E (*Lipsius*) : diminuit A B   8 etiam saepe B *edd. vett.*   ostentanda
Rhenanus : ostentandam E (*sed* m *expunctum esse videtur*) A B
virtutem E (*sed* m *erasum*)   9 quaesiit E   14 ipsius E : suis A B
14–15 aut semper erat B   15 eligit E (*Rhenanus*) : elegit A B
egregiae *Puteolanus* : graeciae E A : grate A^m B   16 ac E A : et B
20 ita quae A^c B : itaque E A : ilaque quae *edd. vett.*

2 comperta eloquentia percoluere, rerum fide tradentur. Britannia, insularum quas Romana notitia complectitur maxima, spatio ac caelo in orientem Germaniae, in occidentem Hispaniae obtenditur, Gallis in meridiem etiam inspicitur; septentrionalia eius, nullis contra terris, vasto atque aperto mari
3 pulsantur. formam totius Britanniae Livius veterum, Fabius Rusticus recentium eloquentissimi auctores oblongae scutulae vel bipenni adsimilavere. et est ea facies citra Caledoniam, unde et in universum fama est. transgressis inmensum et enorme spatium procurrentium extremo iam litore terrarum
4 velut in cuneum tenuatur. hanc oram novissimi maris tunc primum Romana classis circumvecta insulam esse Britanniam adfirmavit, ac simul incognitas ad id tempus insulas, quas Orcadas vocant, invenit domuitque. dispecta est et Thule,
5 quia hactenus iussum et hiems adpetebat. sed mare pigrum et grave remigantibus perhibent ne ventis quidem perinde attolli, credo quod rariores terrae montesque, causa ac materia tempestatum, et profunda moles continui maris tardius impellitur.
6 naturam Oceani atque aestus neque quaerere huius operis est ac multi rettulere; unum addiderim, nusquam latius dominari mare, multum fluminum huc atque illuc ferre, nec litore tenus

---

1 fides E^m A^c (*sed s deletum*)   7 scupulae B [: scapulae *Ogilvie*, commendat A.J. Woodman, *Tacitus Reviewed* (Oxford 1998) 220 propter 14,1 Ostorius Scapula]   8 caledoniam A B : calydoniam E   9 in *om.* A   est *secl.* Schömann, *alii*   *post* transgressis *legitur in* E unde et uniuersis fama sed, *quae verba librarius lineola inclusit et addito supra lineam* a̶c *necnon signo* / /o *supra* unde *utrumque posito variam lectionem a margine exemplaris perperam se textui inseruisse significavit* : transgressis sed A B : unde et universis fama A^m (*v. Till, Handschr. Unters. 85*)   10 enorme T (*Rhenanus*) : inorme E B : īnorme A   14 orcadas A B : orchadas E   despecta B   Thule *edd. recc.* : thyle E A : tyle B   16 perinde *Grotius* : proinde E A B [*v. Holmes, TLL s.v., 1808, 51*]   20 dn̄ari (*i. e.* dominari) E A^m : danari A B

adcrescere aut resorberi, sed influere penitus atque ambire et iugis etiam ac montibus inseri velut in suo.

11. Ceterum Britanniam qui mortales initio coluerint, indigenae an advecti, ut inter barbaros parum compertum. habitus corporum varii atque ex eo argumenta. namque rutilae Caledoniam habitantium comae, magni artus Germanicam originem adseverant; Silurum colorati vultus, torti plerumque crines et posita contra Hispania Hiberos veteres traiecisse easque sedes occupasse fidem faciunt; proximi Gallis et similes sunt, seu durante originis vi, seu procurrentibus in diversa terris positio caeli corporibus habitum dedit. in universum tamen aestimanti Gallos vicinam insulam occupasse credibile est. eorum sacra deprehendas ⟨ac⟩ superstitionum persuasione⟨s⟩; sermo haud multum diversus, in deposcendis periculis eadem audacia et, ubi advenere, in detrectandis eadem formido. plus tamen ferociae Britanni praeferunt, ut quos nondum longa pax emollierit. nam Gallos quoque in bellis floruisse accepimus; mox segnitia cum otio intravit, amissa virtute pariter ac libertate. quod Britannorum olim victis evenit; ceteri manent quales Galli fuerunt.

12. In pedite robur; quaedam nationes et curru proeliantur. honestior auriga, clientes propugnant. olim regibus parebant, nunc per principes factionibus et studiis ⟨dis⟩trahuntur. nec aliud adversus validissimas gentes pro nobis utilius quam

---

6 Caledoniam A^c B : Calydoniam E A   germanam B   8 Hispania *Muretus* : hispaniam E A B   hiberos E A : hiberas A^c : Iberas B   9 occupasse E A^m B : habitasse A   10 vi *Rhenanus* (*cf. Cic. nat. deor. 2,121; div. 2,93*) : usu E A B   12 aestimanti E B : aestimati A   uicinam E A B : uacuam E^m 13–14 ⟨ac⟩ ... persuasione⟨s⟩ *Glück* (*teste Ruperti*); *tradita frustra defendit Persson* 55   16 eadem E A : ea B   17–18 in bellis A B : bellis E   21 in pedite A^c : impedite E A B   23 ⟨dis⟩trahuntur *Heinsius*

quod in commune non consulunt. rarus duabus tribusve civitatibus ad propulsandum commune periculum conventus. ita singuli pugnant, universi vincuntur.

3 caelum crebris imbribus ac nebulis foedum; asperitas frigorum abest. dierum spatia ultra nostri orbis mensuram; nox clara et extrema Britanniae parte brevis, ut finem atque
4 initium lucis exiguo discrimine internoscas. quod si nubes non officiant, aspici per noctem solis fulgorem, nec occidere et exsurgere, sed transire adfirmant. scilicet extrema et plana terrarum humili umbra non erigunt tenebras, infraque caelum et sidera nox cadit.

5 Solum praeter oleam vitemque et cetera calidioribus terris oriri sueta patiens frugum, fecundum. tarde mitescunt, cito proveniunt, eademque utriusque rei causa, multus umor
6 terrarum caelique. fert Britannia aurum et argentum et alia metalla, pretium victoriae. gignit et Oceanus margarita, sed subfusca ac liventia. quidam artem abesse legentibus arbitrantur; nam in rubro mari viva ac spirantia saxis avelli, in Britannia, prout expulsa sint, colligi. ego facilius crediderim naturam margaritis deesse quam nobis avaritiam.

1 13. Ipsi Britanni dilectum ac tributa et iniuncta imperii munia impigre obeunt, si iniuriae absint. has aegre tolerant,

---

1 tribusue B : tribusque E A (*def. Wex*)   4 caelum *usque ad 13,1 serviant post caput 10 transposuit Wex*, caelum *usque ad 12,6* avaritiam *Schütz*   5 abest E A : est B   ⟨aestate⟩ dierum *Peerlkamp, recte ut videtur*   6 Britanniae parte E A : parte Britanniae B   8 et E A : nec B   13 fecundum E^m A B : pecudumque E : pecudumque fecundum *Leuze, alii* : pecorum fecundum *La Penna, Maia 27, 1975, 113sqq. (cf. Germ. 5,1)* : fecundum *del. Scheffer, Wex*   15 terrarumque B   17 subfusca E A : subfusa E^m : suffusa B   liuenta B   21 dilectum *Lipsius* : delectum E A B   22 munia E (*expunctum*) H (*hinc incipit in codice Aesinati vetus quaternio e codice Hersfeldensi evulsus*) : munera A B

iam domiti ut pareant, nondum ut serviant. igitur primus omnium Romanorum divus Iulius cum exercitu Britanniam ingressus, quamquam prospera pugna terruerit incolas ac litore potitus sit, potest videri ostendisse posteris, non tradidisse. mox bella civilia et in rem publicam versa principum arma, ac longa oblivio Britanniae etiam in pace. consilium id divus Augustus vocabat, Tiberius praeceptum. agitasse Gaium Caesarem de intranda Britannia satis constat, ni velox ingenio mobili paenitentiae, et ingentes adversus Germaniam conatus frustra fuissent. divus Claudius auctor iterati operis, transvectis legionibus auxiliisque et adsumpto in partem rerum Vespasiano, quod initium venturae mox fortunae fuit: domitae gentes, capti reges et monstratus fatis Vespasianus.

14. Consularium primus Aulus Plautius praepositus ac subinde Ostorius Scapula, uterque bello egregius, redactaque paulatim in formam provinciae proxima pars Britanniae, addita insuper veteranorum colonia. quaedam civitates Togidumno regi donatae (is ad nostram usque memoriam fidissimus mansit), vetere ac iam pridem recepta populi Romani consuetudine, ut haberet instrumenta servitutis et reges. mox Didius Gallus parta a prioribus continuit, paucis admodum castellis in ulteriora promotis, per quae fama aucti officii

---

1 primus H^c A B : primum H   **6** etiam H A : iam B   **7** agustus H praeceptum H^m A^m : praeceptum.i. B : praecipue H A   **8–9** ingenio mobili H A : ingenii, mobilis B   **10** auctor iterati *Wex* : auctoritate H A B : auctor T *Puteolanus, edd. vett.*   **12–13** domitae gentes *Puteolanus* : domitiae gentis H (gentes H^c) A B   **14** plautius H (*Rhenanus*) : plantius A B : plancius A^m **17–18** togidūno H^m (v. *Murgia, Class. Philol. 72, 1977, 339*) : cogidumno H A : cogidunno B   **19–20** mansit vetere ... ut haberet *Rhenanus* : mansit ut vetere ... haberet H (-sit ut uet- *iu ras.*) A B   **20** et *om.* B   reges *Rhenanus* : regis H A B   **21** parta priore H^m

quaereretur. Didium Veranius excepit, isque intra annum exstinctus est. Suetonius hinc Paulinus biennio prosperas res habuit, subactis nationibus firmatisque praesidiis; quorum fiducia Monam insulam ut vires rebellibus ministrantem adgressus terga occasioni patefecit.

15. Namque absentia legati remoto metu Britanni agitare inter se mala servitutis, conferre iniurias et interpretando accendere: nihil profici patientia nisi ut graviora tamquam ex facili tolerantibus imperentur. singulos sibi olim reges fuisse, nunc binos imponi, e quibus legatus in sanguinem, procurator in bona saeviret. aeque discordiam praepositorum, aeque concordiam subiectis exitiosam. alterius manum centuriones, alterius servos vim et contumelias miscere. nihil iam cupiditati, nihil libidini exceptum. in proelio fortiorem esse qui spoliet; nunc ab ignavis plerumque et imbellibus eripi domos, abstrahi liberos, iniungi dilectus tamquam mori tantum pro patria nescientibus. quantulum enim transisse militum, si et se Britanni numerent? sic Germanias excussisse iugum; et flumine, non Oceano defendi. sibi patriam coniuges parentes, illis avaritiam et luxuriam causas belli esse. recessuros, ut divus Iulius recessisset, modo virtutem maiorum suorum aemularentur. neve proelii unius aut alterius eventu pavescerent; plus impetus felicibus, maiorem constantiam penes miseros esse. iam Britannorum etiam deos misereri, qui Romanum ducem absentem, qui relegatum in alia insula exercitum detinerent; iam ipsos, quod difficillimum fuerit

---

4 Nomam B   8 sapientia B   9 imperantur B   10 e H^c A B : et H
12 manum H (-um *per compendium, quod edd. perperam in* -us *solvunt*)
A B : manus A^c; *vox mihi suspecta; an* nomine *coniciendum?*
centuriones *Rhenanus* : centurionis H A B   13 ciere H^m 15 diripi
Heinsius (sed cf. ann. 14, 31, 3)   16 dilectus H : delectus A B   17 et
se H : sese H^c A B   23 felicibus H (*Novák*) : *om.* A B

deliberare. porro in eius modi consiliis periculosius esse deprehendi quam audere.

16. His atque talibus in vicem instincti, Boudicca generis regii femina duce (neque enim sexum in imperiis discernunt) sumpsere universi bellum, ac sparsos per castella milites consectati, expugnatis praesidiis ipsam coloniam invasere ut sedem servitutis, nec ullum in barbaris ingeniis saevitiae genus omisit ira et victoria. quod nisi Paulinus cognito provinciae motu propere subvenisset, amissa Britannia foret. quam unius proelii fortuna veteri patientiae restituit, tenentibus arma plerisque, quos conscientia defectionis et proprius ex legato timor agitabat, ne quamquam egregius cetera adroganter in deditos et ut suae cuiusque iniuriae ultor durius consuleret. missus igitur Petronius Turpilianus tamquam exorabilior et delictis hostium novus eoque paenitentiae mitior, compositis prioribus nihil ultra ausus Trebellio Maximo provinciam tradidit. Trebellius segnior et nullis castrorum experimentis comitate quadam curandi provinciam tenuit. didicere iam barbari quoque ignoscere vitiis blandientibus, et interventus civilium armorum praebuit iustam segnitiae excusationem; sed discordia laboratum, cum adsuetus expeditionibus miles otio lasciviret. Trebellius, fuga ac latebris vitata exercitus ira inde-

3 Boudicca *Haase* (*cf. ann. 14, 37, 2*) : uoadicca H : bouid|icta H^m : Voadicca A : Voaduca B   7 ingeniis *om.* A B (*v. Mus. Helv. 27, 1970, 231*²⁵)   11 plerique B   proprius H (*Rhenanus*) : propius A B   12 ne quamquam *quidam apud Walch* (*sed sic accipiendum videtur* nequam H^m A^m) : nequaquam H A B   13 cuiusque *Wex* (*i. e.* timebant, ne P. singulomm iniurias ulcisceretur) : eiusque H A B   dubius H^m
15 nouus eoque H^c A : nouusque H : nouis eoque B   16 ausis B
20 seuitiae accusationem B   22 lasciuiret H^c B : lasciui sed H : lasciueret A   **22–14,1** indecoris A B

corus atque humilis, precario mox praefuit, ac velut pacta exercitus licentia ducis salute, [et] seditio sine sanguine stetit. nec Vettius Bolanus, manentibus adhuc civilibus bellis, agitavit Britanniam disciplina: eadem inertia erga hostes, similis petulantia castrorum, nisi quod innocens Bolanus et nullis delictis invisus caritatem paraverat loco auctoritatis.

17. Sed ubi cum cetero orbe Vespasianus et Britanniam recuperavit, magni duces, egregii exercitus, minuta hostium spes. et terrorem statim intulit Petilius Cerialis, Brigantum civitatem, quae numerosissima provinciae totius perhibetur, adgressus. multa proelia, et aliquando non incruenta; magnamque Brigantum partem aut victoria amplexus est aut bello. et Cerialis quidem alterius successoris curam famamque obruisset: subiit sustinuitque molem Iulius Frontinus, vir magnus, quantum licebat, validamque et pugnacem Silurum gentem armis subegit, super virtutem hostium locorum quoque difficultates eluctatus.

18. Hunc Britanniae statum, has bellorum vices media iam aestate transgressus Agricola invenit, cum et milites velut omissa expeditione ad securitatem et hostes ad occasionem

1 praefuit H^{c}A : praebuit H : fuit B   facta ('*immo* pacta' *Halm*) exercitus licentia ducis salute H (*expunctum*) A^m : pacti exercitus licentiam dux salutem H^m A : pacti exercitus licentiam dux salute B (*v. Till Handschr. Unters. 48sq.*)   2 et *secl.* John, *Wochenschr. f. klass. Phil. 34, 1917, 322*   3 uettius H : uectius A B   Bolanus B : uolanus H A   4 eadem H A : et eadem B   5 Bolanus B : uolanus H   Volanus A   8 minuta H^c A B : minutae H   9 Cerialis *Lipsius* : c(a)erealis H A B (*item 17,2*)   Brigantum *Puteolanus* : bregantum H A B   10 perhiberet B   12 Brigantum *Puteolanus* : bregantum H : Bregantium A (i *deletum*) B   14 subiit sustinuitque H^c (*Weissenborn, Halm*) : sustinuitque H A B (*v. Mus. Helv. 27, 1970, 231^{25} et quae Büchner recte contra Till disputavit ad l.*)   16 gentem armis H^c A B : armis gentem H   16–17 locorum quoque H A : locorumque B   18 Britannia B

verterentur. Ordovicum civitas haud multo ante adventum eius alam in finibus suis agentem prope universam obtriverat, eoque initio erecta provincia. et quibus bellum volentibus erat, probare exemplum ac recentis legati animum opperiri, cum Agricola, quamquam transvecta aestas, sparsi per provinciam numeri, praesumpta apud militem illius anni quies, tarda et contraria bellum incohaturo, et plerisque custodiri suspecta potius videbatur, ire obviam discrimini statuit, contractisque legionum vexillis et modica auxiliorum manu, quia in aequum degredi Ordovices non audebant, ipse ante agmen, quo ceteris par animus simili periculo esset, erexit aciem. caesaque prope universa gente, non ignarus instandum famae ac, prout prima cessissent, terrorem ceteris fore, Monam insulam, ⟨a⟩ cuius possessione revocatum Paulinum rebellione totius Britanniae supra memoravi, redigere in potestatem animo intendit. sed, ut in subitis consiliis, naves deerant. ratio et constantia ducis transvexit. depositis omnibus sarcinis lectissimos auxiliarium, quibus nota vada et patrius nandi usus, quo simul seque et arma et equos regunt, ita repente immisit, ut obstupefacti hostes, qui classem, qui naves, qui mare exspectabant, nihil arduum aut invictum crediderint sic ad bellum venientibus. ita petita pace ac dedita insula clarus ac magnus haberi Agricola, quippe cui ingredienti provinciam, quod tempus alii per ostentationem et officiorum ambitum transigunt, labor et periculum placuisset. nec Agricola prosperitate rerum in vanitatem usus expeditionem aut victoriam vocabat victos

1 uerterentur B : uterentur H A   10 degredi H (*Acidalius*) : digredi A B   11 animus H^{c}AB: animo H   13 Nomam B   ⟨a⟩ *Croll*   15 potestate B   16 subitis H (*Gronov*) : dubiis A B   17 transuex H : tranuex H^c A : tranare extra B   18 patrius H : prīus A : prius B   22 potita B   25 prosperitate H^c A B : peritate H

continuisse; ne laureatis quidem gesta prosecutus est, sed ipsa dissimulatione famae famam auxit, aestimantibus quanta futuri spe tam magna tacuisset.

19. Ceterum animorum provinciae prudens, simulque doctus per aliena experimenta parum profici armis, si iniuriae sequerentur, causas bellorum statuit excidere. a se suisque orsus primam domum suam coercuit, quod plerisque haud minus arduum est quam provinciam regere. nihil per libertos servosque publicae rei, non studiis privatis nec ex commendatione aut precibus centurionem militesve ⟨ad⟩scire, sed optimum quemque fidissimum putare. omnia scire, non omnia exsequi. parvis peccatis veniam, magnis severitatem commodare; nec poena semper, sed saepius paenitentia contentus esse; officiis et administrationibus potius non peccaturos praeponere, quam damnare cum peccassent. frumenti et tributorum exactionem aequalitate munerum mollire, circumcisis quae in quaestum reperta ipso tributo gravius tolerabantur. namque per ludibrium adsidere clausis horreis et emere ultro frumenta ac luere pretio cogebantur; divortia itinerum et longinquitas regionum indicebatur, ut civitates proximis hibernis in remota et avia deferrent, donec quod omnibus in promptu erat paucis lucrosum fieret.

1 continuisse ne H^c A : continuit sine H : continuisse nec B 5 incuriae B 7 primum B 8 libertos H (*Puteolanus*) : liberos A B 9 priuatis H : priuatus H^m : priuat s A : priuatius B 10 militesve ascire *Wex* (centurionum milites ascire *iam Puteolanus*) : milites nescire H^c A B : milites scire H 16 exactionem H^m A^m B : auctionem H A B^m (auctionēmae qualitate H, *inde* in aequalitate A B 16–17 circumcisis quae H^c (*Rhenanus*) : circumcisisque H A B 18 adsidere H^c A B : adsedere H 19 luere H (*Wex*) : ludere A B 21 ⟨pro⟩ proximis *Bezzenberger*

20. Haec primo statim anno comprimendo egregiam
famam paci circumdedit, quae vel incuria vel intolerantia
priorum haud minus quam bellum timebatur. sed ubi aestas
advenit, contracto exercitu multus in agmine, laudare modestiam, disiectos coercere; loca castris ipse capere, aestuaria ac
silvas ipse praetemptare; et nihil interim apud hostes quietum
pati, quo minus subitis excursibus popularetur, atque ubi satis
terruerat, parcendo rursus invitamenta pacis ostentare. quibus
rebus multae civitates, quae in illum diem ex aequo egerant,
datis obsidibus iram posuere, et praesidiis castellisque circum-
datae, tanta ratione curaque, ut nulla ante Britanniae nova
pars ⟨pariter⟩ inlacessita transierit.

21. Sequens hiems saluberrimis consiliis adsumpta. namque ut homines dispersi ac rudes eoque in bella faciles quieti
et otio per voluptates adsuescerent, hortari privatim, adiuvare
publice, ut templa fora domos exstruerent, laudando promp-
tos, castigando segnes. ita honoris aemulatio pro necessitate
erat. iam vero principum filios liberalibus artibus erudire, et
ingenia Britannorum studiis Gallorum anteferre, ut qui modo
linguam Romanam abnuebant, eloquentiam concupiscerent.
inde etiam habitus nostri honor et frequens toga; paulatimque
discessum ad delenimenta vitiorum, porticus et balinea et

---

2 incuria H^c A^c B : sine curia H : in curia A   4 multus H A : multum
A^c B   7 popularēt B   8 invitamenta *quidam apud Acidalium* :
irritamenta H A B   11 tanta H (*Rhenanus*) : et tanta H^c A B : sunt,
tanta *Dronke, recte ut opinor*   12 ⟨pariter⟩ *Fröhlich et Weissenborn* [:
minus lacessita *Wellesley, LCM 12,3, 1987, 40, cf. Borzsák, Gnomon 58,
1986, 23f.*], *alii alia*   13 saluberrimus B   absumpta *Puteolanus, edd.
vett. et recc.*   14 in bella *Bosius* : in bello H A B : bello *Rhenanus*
15 et otio H^m A B : in otio H   17 castigando H : et castigando A B
honoris aemulatio H^c A B : honor et aemulatio H   22 delenimenta H :
delinimenta A : deliniamenta B   balinea H A^c : balnea H^m A : balneas B

conviviorum elegantiam. idque apud imperitos humanitas vocabatur, cum pars servitutis esset.

22. Tertius expeditionum annus novas gentes aperuit, vastatis usque ad Taum (aestuario nomen est) nationibus. qua formidine territi hostes quamquam conflictatum saevis tempestatibus exercitum lacessere non ausi, ponendisque insuper castellis spatium fuit. adnotabant periti non alium ducem opportunitates locorum sapientius legisse; nullum ab Agricola positum castellum aut vi hostium expugnatum aut pactione ac fuga desertum; [crebrae eruptiones] nam adversus moras obsidionis annuis copiis firmabantur. ita intrepida ibi hiems, ⟨crebrae eruptiones⟩ et sibi quisque praesidio, inritis hostibus eoque desperantibus, quia soliti plerumque damna aestatis hibernis eventibus pensare tum aestate atque hieme iuxta pellebantur. nec Agricola umquam per alios gesta avidus intercepit; seu centurio seu praefectus incorruptum facti testem habebat. apud quosdam acerbior in conviciis narrabatur: ut erat comis bonis, ita adversus malos iniucundus. ceterum ex iracundia nihil supererat secretum, ut silentium eius non timeres: honestius putabat offendere quam odisse.

23. Quarta aestas obtinendis quae percucurrerat insumpta; ac si virtus exercitus et Romani nominis gloria pateretur, inventus in ipsa Britannia terminus. namque Clota et Bodotria diversi maris aestibus per immensum revectae, angusto terra-

---

4 taum H^m A^m : tanaum H A B (*v. Ogilvie-Richmond 57*)   7 castellis H A B : telis H^m A^m 8 ab agricola H^{cm} A B : agricola H   9 ac H A : aut H^m B   10 crebrae eruptiones *post* hiems *transposuerunt Schömann et Halm; frustra codicis ordinem defendere conatur Ogilvie*   15 auidius B   17 conuiciis H^m A^c : conuitiis H : conuiuiis A B   18 et erat ut *Henrichsen*   19 supererat H^c A B : erat H   21 percurrerat B   22 exercitus H : exercituum H^c A B   gloria *om.* B   23 Britanniae *Shaw-Smith, Class. Quart. 29, 1979, 224*

rum spatio dirimuntur; quod tum praesidiis firmabatur atque omnis propior sinus tenebatur, summotis velut in aliam insulam hostibus.

24. Quinto expeditionum anno † nave prima † transgressus ignotas ad id tempus gentes crebris simul ac prosperis proeliis domuit eamque partem Britanniae quae Hiberniam aspicit copiis instruxit, in spem magis quam ob formidinem, si quidem Hibernia, medio inter Britanniam atque Hispaniam sita et Gallico quoque mari opportuna, valentissimam imperii partem magnis in vicem usibus miscuerit. spatium eius, si Britanniae comparetur, angustius, nostri maris insulas superat. solum caelumque et ingenia cultusque hominum haud multum a Britannia differunt, in melius aditus portusque, per commercia et negotiatores cogniti. Agricola expulsum seditione domestica unum ex regulis gentis exceperat ac specie amicitiae in occasionem retinebat. saepe ex eo audivi legione una et modicis auxiliis debellari obtinerique Hiberniam posse; idque etiam adversus Britanniam profuturum, si Romana ubique arma, et velut e conspectu libertas tolleretur.

25. Ceterum aestate, qua sextum officii annum incohabat, amplexus civitates trans Bodotriam sitas, quia motus universarum ultra gentium et infesta hostibus exercitus itinera timebantur, portus classe exploravit; quae ab Agricola primum

---

2 proprior H B   **4** Anavam amnem (*pro* nave prima) *Murgia, Class. Phil. 72, 1977, 341; alii alia*   **7** ob H A : in B   **9** (u)o(lentissimam) H^m   **13** differunt *Rhenanus* : differt HAB   sic distinxi, in melius sc. differunt (*cf. ann. 12, 33 et Murgia, California Studies in Class. Ant. 11, 1978 [1979], 163*) : in melius *secl. Wex* : in *secl. Rhenanus, alii* : in⟨teriora parum⟩, melius *Halm*   per H A : et B   **15** gente H^m   **20** cohabat B   **21** bodotriam H^m A B : uodotriam H   **22** hostibus exercitus *Becker* (*cf. Suet. Aug. 8,1* per infestas hostibus vias) : hostilis exercitus H A B : hostili exercitu H^m (*Rhenanus*)   **22–23** timebant B

adsumpta in partem virium sequebatur egregia specie, cum
simul terra, simul mari bellum impelleretur, ac saepe isdem
castris pedes equesque et nauticus miles mixti copiis et laetitia
sua quisque facta, suos casus attollerent, ac modo silvarum ac
montium profunda, modo tempestatum ac fluctuum adversa,
hinc terra et hostis, hinc victus Oceanus militari iactantia
compararentur. Britannos quoque, ut ex captivis audiebatur,
visa classis obstupefaciebat, tamquam aperto maris sui secreto
ultimum victis perfugium clauderetur. ad manus et arma
conversi Caledoniam incolentes populi magno paratu, maiore
fama, uti mos est de ignotis, oppugnare ultro castellum adorti,
metum ut provocantes addiderant, regrediendumque citra
Bodotriam et cedendum potius quam pellerentur ignavi specie
prudentium admonebant, cum interim cognoscit hostes
pluribus agminibus inrupturos. ac ne superante numero et
peritia locorum circumiretur, diviso et ipse in tres partes
exercitu incessit.

26. Quod ubi cognitum hosti, mutato repente consilio
universi nonam legionem ut maxime invalidam nocte adgressi
inter somnum ac trepidationem caesis vigilibus inrupere.
iamque in ipsis castris pugnabatur, cum Agricola, iter hostium
ab exploratoribus edoctus et vestigiis insecutus, velocissimos
equitum peditumque adsultare tergis pugnantium iubet, mox

---

1 uirium H A B : uinum H^m 2 impelleretur *Rhenanus* : impellitur H
A B   3 mixtu (*ut videtur*) H^m 4–5 siluarum ac montium H^c A B : ac
om. H   10 Caledoniam *Rhenanus* : calidoniam H A B   incolentes H^c
: incolentis H A B   magno paratu H : paratu magno A B
11 oppugnare H (*Rhenanus*), *littera* r *forma peculiari fere ut in scriptura
Beneventana scripta unde* oppugnasse TAB   castellum H A$^{v.l.}$: castella
H^m A B   13 et (cedendum) H^m : excedendum H : et excedendum A
B   18 cognitum H^c A B; incognitum H   19 noctem B
23 peditumque H^c A B : que *om.* H

ab universis adici clamorem; et propinqua luce fulsere signa.
ita ancipiti malo territi Britanni; et nonanis rediit animus, ac 2
securi pro salute de gloria certabant. ultro quin etiam erupere,
et fuit atrox in ipsis portarum angustiis proelium, donec pulsi
5 hostes, utroque exercitu certante, his, ut tulisse opem, illis, ne
eguisse auxilio viderentur. quod nisi paludes et silvae fugientes texissent, debellatum illa victoria foret.

27. Cuius conscientia ac fama ferox exercitus nihil virtuti 1
suae invium et penetrandam Caledoniam inveniendumque
10 tandem Britanniae terminum continuo proeliorum cursu
fremebant. atque illi modo cauti ac sapientes prompti post
eventum ac magniloqui erant. iniquissima haec bellorum
condicio est: prospera omnes sibi vindicant, adversa uni imputantur. at Britanni non virtute se victos, sed occasione et arte 2
15 ducis rati, nihil ex adrogantia remittere, quo minus iuventutem armarent, coniuges ac liberos in loca tuta transferrent,
coetibus et sacrificiis conspirationem civitatum sancirent.
atque ita inritatis utrimque animis discessum.

28. Eadem aestate cohors Usiporum per Germanias con- 1
20 scripta et in Britanniam transmissa magnum ac memorabile
facinus ausa est. occiso centurione ac militibus, qui ad tradendam disciplinam immixti manipulis exemplum et rectores

---

2 nonanis H : romanis H^c (*manus recens*) A B   rediit *Wex* : redit H A
B   3 erupere H B A^c : irrupere A *edd. vett.*   5 hostes H^m A B : hostis
H   ut tulisse H (*Puteolanus*) : intulisse H^c (*manus recens*) A B
7 rexissent B   8 conscientia H^c A B : conscientiae H
9 penetrandum B   Caledoniam *Puteolanus* : calydoniam H :
calidoniam A B   10 proeliorum *Rhenanus* : proelium H A B
13 omnes H^c A B : omnis H   14 se victos H (*Fröhlich, Halm, post*
ducis *suppleverat Brotier*) : *om.* A B   17 et H : ac A B   ciuitatium
B   19 Usipiorum B *edd. vett.*   20 britanniam A B : brittanias H :
britannias H^c 22 immixti H (*Puteolanus*) : immixtis H^{cm} A B

habebantur, tres liburnicas adactis per vim gubernatoribus ascendere; et uno † remigante † suspectis duobus eoque interfectis, nondum vulgato rumore ut miraculum praevehe-
2 bantur. mox ⟨ubi⟩ ad aquam atque ut⟨ens⟩ilia rapt⟨um ex⟩isse⟨nt⟩, cum plerisque Britannorum sua defensantium proelio congressi ac saepe victores, aliquando pulsi, eo ad extremum inopiae venere, ut infirmissimos suorum, mox sorte ductos
3 vescerentur. atque ita circumvecti Britanniam, amissis per inscitiam regendi navibus, pro praedonibus habiti, primum a Suebis, mox a Frisiis intercepti sunt. ac fuere quos per commercia venumdatos et in nostram usque ripam mutatione ementium adductos indicium tanti casus inlustravit.

1   29. Initio ⟨insequentis⟩ aestatis Agricola domestico vulnere ictus anno ante natum filium amisit. quem casum neque ut plerique fortium virorum ambitiose, neque per lamenta rursus ac maerorem muliebriter tulit; et in luctu bellum inter remedia
2 erat. igitur praemissa classe, quae pluribus locis praedata magnum et incertum terrorem faceret, expedito exercitu, cui ex Britannis fortissimos et longa pace exploratos addiderat, ad
3 montem Graupium pervenit, quem iam hostis insederat. nam Britanni nihil fracti pugnae prioris eventu et ultionem aut servitium exspectantes tandemque docti commune periculum

---

1 tres H A^c : tris A B   2 uno eorum (*vel* horum) negante *conieci Mus. Helv. 27, 1970, 236, alii alia; forrasse* uno recusante (*cf. Liv. 32, 3, 3*) 3–4 praeuehebantur H A B : praebebantur H^m A^m 4 ⟨ubi⟩ *Heraeus*   aquam H^c A B : quam H   utensilia *Selling* (*v. Till, Gnomon 38, 1966, 172*) : utilla H : ut illa A B   4–5 raptum existent, cum *Till, Handschr. Unters. 58sq.* (raptum issent, cum *Eussner*) : raptis secum H A B   7 mox H A : morum B   9 primum H A : primo dum B 13 ⟨insequentis⟩ *Koestermann* (⟨sequentis⟩ *Ernesti*), septimae (VII) *ante* initio *Brotier*   16 in luctu H A B : inlustrans H^m 17 praedata H^c A^c B : praedatum H : praedatam A   20 Grampium *Puteolanus, edd. vett.*

concordia propulsandum, legationibus et foederibus omnium civitatium vires exciverant. iamque super triginta milia arma- 4 torum aspiciebantur, et adhuc adfluebant omnis iuventus et quibus cruda ac viridis senectus, clari bello et sua quisque
5 decora gestantes, cum inter plures duces virtute et genere praestans nomine Calgacus apud contractam multitudinem proelium poscentem in hunc modum locutus fertur:

30. 'Quotiens causas belli et necessitatem nostram intueor, 1 magnus mihi animus est hodiernum diem consensumque
10 vestrum initium libertatis toti Britanniae fore; nam et universi † coistis et † servitutis expertes et nullae ultra terrae ac ne mare quidem securum imminente nobis classe Romana. ita proelium atque arma, quae fortibus honesta, eadem etiam ignavis tutissima sunt. priores pugnae, quibus adversus Roma- 2
15 nos varia fortuna certatum est, spem ac subsidium in nostris manibus habebant, quia nobilissimi totius Britanniae eoque in ipsis penetralibus siti nec ulla servientium litora aspicientes, oculos quoque a contactu dominationis inviolatos habebamus. nos terrarum ac libertatis extremos recessus ipse ac sinus 3
20 famae in hunc diem defendit; nunc terminus Britanniae patet, atque omne ignotum pro magnifico est; sed nulla iam ultra gens, nihil nisi fluctus ac saxa, et infestiores Romani, quorum

---

2 ciuitatum A   3 adfluebant H : adfluebat H^c A B   4 uiridis H^c (*manus recens*) A B : uiris H : uirens H^m A^m 9–10 hodiernum diem consensumque (-usque B) uestrum H^c A B : consensumque uestrum hodiernum diem H   11 coistis et H (? co//tis et; *quid sub rasura aut macula lateat incertum* : colitis et *legit Crullus, qui codicem Toletanum scripsit*) : *om.* A B : et *del. Gudeman* (*an* etiam, *i. e.* adhuc, *scribendum? cf.* 37,1 *et ann.* 14,31,2)   15 ac H A B : ad H^m 16 nauibus B   17 ulla *om.* A B   18 contactu H A B : conpactu H^m 20 nunc H^c A B : tum H   patet H^c A B : paret H   21 atque ... sed *post* defendit *transposuerunt Bosius, Bruys (apud Brotier), alii, recte ut opinor*   22 ac H : et A B

superbiam frustra per obsequium ac modestiam effugias.
4 raptores orbis, postquam cuncta vastantibus defuere terrae,
mare scrutantur; si locuples hostis est, avari, si pauper, ambi-
tiosi, quos non Oriens, non Occidens satiaverit; soli omnium
opes atque inopiam pari adfectu concupiscunt. auferre trucidare rapere falsis nominibus imperium, atque ubi solitudinem
faciunt, pacem appellant.
1   31. Liberos cuique ac propinquos suos natura carissimos
esse voluit: hi per dilectus alibi servituri auferuntur; coniuges
sororesque etiam si hostilem libidinem effugerunt, nomine
amicorum atque hospitum polluuntur. bona fortunaeque in
tributum, ager atque annus in frumentum, corpora ipsa ac
manus silvis ac paludibus emuniendis inter verbera et contu-
2 melias conteruntur. nata servituti mancipia semel veneunt,
atque ultro a dominis aluntur: Britannia servitutem suam
cottidie emit, cottidie pascit. ac sicut in familia recentissimus
quisque servorum etiam conservis ludibrio est, sic in hoc orbis
terrarum vetere famulatu novi nos et viles in excidium peti-
mur; neque enim arva nobis aut metalla aut portus sunt,
3 quibus exercendis reservemur. virtus porro ac ferocia subiec-
torum ingrata imperantibus; et longinquitas ac secretum
ipsum quo tutius, eo suspectius. ita sublata spe veniae tandem
sumite animum, tam quibus salus quam quibus gloria caris-
4 sima est. Brigantes femina duce exurere coloniam, expugnare
castra, ac nisi felicitas in socordiam vertisset, exuere iugum
potuere. nos integri et indomiti et in libertatem, non in paeni-

---

1 effugias H : effugeris A B   2–3 terrae mare H : terram et mare H^c A
B (terrae, et mare *Rhenanus*)   9 dilectus H : delectus H^c A B
10 effugerunt H : effugiant A B   11 fortunaeque H : fortunae quae H^c
A B   12 ageratque H (ager atque *Jacob*) : aggerat A B   13 et H : ac A
B   14 conteruntur *Jacob, Fröhlich* : conterunt H A B   17 etiam *om.*
B   23–24 clarissima B   24 et expugnare B

tentiam † laturi † primo statim congressu ostendamus, quos sibi Caledonia viros seposuerit.

32. An eandem Romanis in bello virtutem quam in pace 1 lasciviam adesse creditis? nostris illi dissensionibus ac discordiis clari vitia hostium in gloriam exercitus sui vertunt; quem contractum ex diversissimis gentibus ut secundae res tenent, ita adversae dissolvent, nisi si Gallos et Germanos et (pudet dictu) Britannorum plerosque, licet dominationi alienae sanguinem commodent, diutius tamen hostes quam servos, fide et adfectu teneri putatis. metus ac terror est, infirma 2 vincla caritatis; quae ubi removeris, qui timere desierint, odisse incipient. omnia victoriae incitamenta pro nobis sunt: nullae Romanos coniuges accendunt, nulli parentes fugam exprobraturi sunt; aut nulla plerisque patria aut alia est. paucos numero, trepidos ignorantia, caelum ipsum ac mare et silvas, ignota omnia circumspectantes, clausos quodam modo ac vinctos di vobis tradiderunt. ne terreat vanus aspectus et 3 auri fulgor atque argenti, quod neque tegit neque vulnerat. in ipsa hostium acie inveniemus nostras manus: agnoscent Britanni suam causam, recordabuntur Galli priorem libertatem, tam deserent illos ceteri Germani, quam nuper Usipi reliquerunt. nec quicquam ultra formidinis: vacua castella, senum coloniae, inter male parentes et iniuste imperantes

1 iurati *conieci Mus. Helv. 27, 1970, 237, alii alia*   2 caledonia B : calydonia H : calidonia A   8 dictu H^c A B : dicto H   9 commodent *Puteolanus* : commendent H A B   10–11 metus ac terror sunt infirma vincla *Beroaldus, edd. vett. et recc. (contra recte Wex et Reitzenstein)*   14 exprobraturi A^c B : exprobaturi H A   15 trepidos H (*Heumann*) : circum trepidos H^c A B   16 siluis B   17 uobis H A B : nobis *Puteolanus*   21 itam (tam H^c) deserent ... quam H : deserent ... tam quam H^m : deserent ... tamquam A B   Usipii B   22 nec quicquam H^c : nequicquam H A : nequaquam B   23 senium B

4 aegra municipia et discordantia. hic dux, hic exercitus; ibi tributa et metalla et ceterae servientium poenae, quas in aeternum perferre aut statim ulcisci in hoc campo est. proinde ituri in aciem et maiores vestros et posteros cogitate.'

1 33. Excepere orationem alacres, ut barbaris moris, fremitu cantuque et clamoribus dissonis. iamque agmina et armorum fulgores audentissimi cuiusque procursu; simul instruebatur acies, cum Agricola quamquam laetum et vix munimentis coercitum militem accendendum adhuc ratus ita disseruit:
2 'septimus annus est, commilitones, ex quo ⟨vestra⟩ virtute et auspiciis imperii Romani, fide atque opera nostra Britanniam vicistis. tot expeditionibus, tot proeliis, seu fortitudine adversus hostes seu patientia ac labore paene adversus ipsam rerum naturam opus fuit, neque me militum neque vos ducis paenituit.
3 ergo egressi, ego veterum legatorum, vos priorum exercituum terminos, finem Britanniae non fama nec rumore, sed
4 castris et armis tenemus: inventa Britannia et subacta. equidem saepe in agmine, cum vos paludes montesve et flumina fatigarent, fortissimi cuiusque voces audiebam: 'quando dabitur hostis, quando † animus †?' veniunt, e latebris suis extrusi, et vota virtusque in aperto, omniaque prona victoribus atque
5 eadem victis adversa. nam ut superasse tantum itineris, eva-

1 aegra municipia H A B : taetra mancipia H^m A^m 5 ⟨et⟩ ut *Walther*   5–6 fremitu cantuque H : cantu fremituque A B   7 procursu H^c A B : procursus H   instruebatur H A B : instituebatur H^m A^m 8 munimentis H^m A^m B : monitis H A   10 septimus *Acidalius* : octauus H A B   vestra virtute et *Reitzenstein* : virtute vestra *Nipperdey* : virtute et H A B   15 exercituum H^c A B : exercitum H   20 acies *Rhenanus* : in manus *F. Walter, Philol. Wochenschr. 42, 1922, 382 (sc. venient, quod verbum prius addendum esse coniecerat)* : *alii alia; fort. scribendum* agimus (*cf. e.g. hist. 1,41,2; ThLL 1,1389,60sqq.*)
21 omniaque H^c A B : omnia quae H   22–27,1 euasisse siluas H : siluas euasisse A B

sisse silvas, transisse aestuaria pulchrum ac decorum in frontem, ita fugientibus periculosissima quae hodie prosperrima
sunt; neque enim nobis aut locorum eadem notitia aut com-
meatuum eadem abundantia, sed manus et arma et in his
5 omnia. quod ad me attinet, iam pridem mihi decretum est   6
neque exercitus neque ducis terga tuta esse. proinde et honesta
mors turpi vita potior, et incolumitas ac decus eodem loco sita
sunt; nec inglorium fuerit in ipso terrarum ac naturae fine
cecidisse.
10   34. Si novae gentes atque ignota acies constitisset, aliorum   1
exercituum exemplis vos hortarer: nunc vestra decora recen-
sete, vestros oculos interrogate. hi sunt, quos proximo anno
nonam legionem furto noctis adgressos clamore debellastis; hi
ceterorum Britannorum fugacissimi ideoque tam diu supersti-
15 tes. quo modo silvas saltusque penetrantibus fortissimum   2
quodque animal contra ruere, pavida et inertia ipso agminis
sono pellebantur, sic acerrimi Britannorum iam pridem ceci-
derunt, reliquus est numerus ignavorum et timentium. quos   3
quod tandem invenistis, non restiterunt, sed deprehensi sunt;
20 novissimae res et extremo metu torpor defixere aciem in his
vestigiis, in quibus pulchram et spectabilem victoriam edere-
tis. transigite cum expeditionibus, imponite quinquaginta

1–2 ita *Rhenanus* : item H A B   2 periculosissima H^c A B :
riculosissima H   10 exercituum H^c A B : exercitum H   12 nonam *E.
Hübner* (*v. Mus. Helv. 27, 1970, 237*) : unam H A B   15 quodque A^m :
quoque H A B   16 ruere H A B : ruebant H^m : ruebat *Andresen* : ruere
⟨videbatis⟩ *Reitzenstein, an* ruere … pell⟨i vid⟩ebantur ?
17–18 reliquus H^c A B : reliquis H   18 et timentium *Till* : demtium H
: et metuentium H^m A B   20 torpor *Ritter et Madvig* : corpora H A B

annis magnum diem, adprobate rei publicae numquam exercitui imputari potuisse aut moras belli aut causas rebellandi.'
1   35. Et adloquente adhuc Agricola militum ardor eminebat, et finem orationis ingens alacritas consecuta est, statimque ad
2   arma discursum. instinctos ruentesque ita disposuit, ut peditum auxilia, quae octo milium erant, mediam aciem firmarent, equitum tria milia cornibus adfunderentur. legiones pro vallo stetere, ingens victoriae decus citra Romanum sanguinem
3   bellandi, et auxilium, si pellerentur. Britannorum acies in speciem simul ac terrorem editioribus locis constiterat ita, ut primum agmen in aequo, ceteri per adclive iugum conexi velut insurgerent; media campi covinnarius eques strepitu ac di-
4   scursu complebat. tum Agricola superante hostium multitudine veritus, ne [simul] in frontem simul et latera suorum pugnaretur, diductis ordinibus, quamquam porrectior acies futura erat et arcessendas plerique legiones admonebant, promptior in spem et firmus adversis, dimisso equo pedes ante vexilla constitit.
1   36. Ac primo congressu eminus certabatur; simulque constantia, simul arte Britanni ingentibus gladiis et brevibus caetris missilia nostrorum vitare vel excutere, atque ipsi magnam vim telorum superfundere, donec Agricola quattuor

1–2 inputari H (*Puteolanus*) : imputare A B   2 rebellandi H A B : bellandi H^m 3 ardor eminebat H^c A B : ardorem inibat H
11 agmen in aequo *Bekker* : agminae quo H : agmine quo A B   quo ceteri H A B : quo steteri͜ H^m (*fort. in exemplari erat* steterunt *per compendium scriptum*)   conexi *Puteolanus* (connexi) : conuexi H A B   12 conuinnarius H A : couinarius B (*v. adn. crit. ad 36,3*)
14 simul *secl. Fröhlich et Wex*   altera B   16 arcessendas H A B : accersendas H^m 19 simulque H A B : simul A^c *Puteolanus, edd. vett.*   22 quattuor H : *om.* A B (tres *vel* quinque *suppleverant edd.*) batauorum H^m A^c B : uatauorum H^c A : uataeuorum H

Batavorum cohortes ac Tungrorum duas cohortatus est, ut
rem ad mucrones ac manus adducerent; quod et ipsis vetustate
militiae exercitatum et hostibus inhabile [parva scuta et
enormes gladios gerentibus]; nam Britannorum gladii sine
5 mucrone complexum armorum et in arto pugnam non tolera-
bant. igitur ut Batavi miscere ictus, ferire umbonibus, ora 2
fodere, et stratis qui in aequo adstiterant, erigere in colles
aciem coepere, ceterae cohortes aemulatione et impetu conisae
proximos quosque caedere; ac plerique semineces aut integri
10 festinatione victoriae relinquebantur. interim equitum turmae, 3
⟨ut⟩ fugere covinnarii, peditum se proelio miscuere. et quamquam recentem terrorem intulerant, densis tamen hostium
agminibus et inaequalibus locis haerebant; minimeque equestris iam pugnae facies erat, cum aegre clivo adstantes simul
15 equorum corporibus impellerentur; ac saepe vagi currus,
exterriti sine rectoribus equi, ut quemque formido tulerat,
transversos aut obvios incursabant.

2 mucrones ac H A^c B : mucronem et A   uetustate militiae A B :
uetustatenniliae H   3 inhabile H^c A B : inabitabile H   3-4 parva ...
gerentibus *secl. Wex*   5 arto *Fr. de Medicis (a Lipsio laudatus)* : aperto
H A B   6 Bataui B : uataui A : uatabi H   fodere *Gesner* : foedare H
A B   7 stratis *Ernesti* : tratis H A B : tracis B^c : tractis *Puteolanus, edd.
vett.* : foede recti trates uel traces H^m A^m 8 capere B   10 ⟨ut⟩
Doederlein   11 fugere ⟨enim⟩ *Wex*   couinnarii H B : conuinnarii A
11-12 quaquam recentes B   13 equestris H^c (*Rhenanus*) : equestres H
A B   13-14 iam *Halm (1854) post alios* : ea (ei H^m A^c) enim H A B :
enim *secl. Rhenanus* [: ei [enim] pugnae *Andresen*]   14 aegre clivo
adstantes *Halm (1854)* (a. c. stantes *Triller* a. c. instantes *Schömann*) :
aegradiu autstante H : egra diu aut stante A B : aegre in gradu stantes
Ogilvie : in gradu stantes *Rhenanus, alii alia*

1   37. Et Britanni, qui adhuc pugnae expertes summa collium insederant et paucitatem nostrorum vacui spernebant, degredi paulatim et circumire terga vincentium coeperant, ni id ipsum veritus Agricola quattuor equitum alas, ad subita belli retentas, venientibus opposuisset, quantoque ferocius adcucurre-
2 rant, tanto acrius pulsos in fugam disiecisset. ita consilium Britannorum in ipsos versum, transvectaeque praecepto ducis a fronte pugnantium alae aversam hostium aciem invasere. tum vero patentibus locis grande et atrox spectaculum: sequi
3 vulnerare capere, atque eosdem oblatis aliis trucidare. iam hostium, prout cuique ingenium erat, catervae armatorum paucioribus terga praestare, quidam inermes ultro ruere ac se morti offerre. passim arma et corpora et laceri artus, et
4 cruenta humus; et aliquando etiam victis ira virtusque. nam postquam silvis adpropinquaverunt, primos sequentium incautos collecti et locorum gnari circumveniebant. quod ni frequens ubique Agricola validas et expeditas cohortes indaginis modo, et sicubi artiora erant, partem equitum dimissis equis, simul rariores silvas equitem persultare iussisset, accep-
5 tum aliquod vulnus per nimiam fiduciam foret. ceterum ubi compositos firmis ordinibus sequi rursus videre, in fugam

1 expertes B : expertis H A   2 paucitatem H^c A B : paucitate H   spernebant H^c A B : spernabant H   digredi B   5 accucurrerant H A : occurrerant B : accurrerant *Puteolanus*   pulsos H^c A B : pulso H   10 oblatis H (*Rhenanus*) : ablatis A B   12 praestare H A B : praebere H^m 14–15 nam postquam ... appropinquaverunt *Andresen* : postquam ... appropinquaverunt nam H (*pro* nam *legitur in* A ntem *cum signo corruptelae, in* B item)   16 gnari *Peerlkamp* : ignari H A B   ni frequens H A : infrequens B   17 indaginis H^c A B : indagines H   18–19 dimissis equis simul H A B : dimissis qui simulati H^m 19 equitem persultare *Rhenanus* : equite persultari H A : equites perlustrari B   21 sequi H^c A B : seque H   uersi H (*Puteolanus*) : uersis AB

versi, non agminibus, ut prius, nec alius alium respectantes:
rari et vitabundi in vicem longinqua atque avia petiere. finis
sequendi nox et satietas fuit. caesa hostium ad decem milia;
nostrorum trecenti sexaginta cecidere, in quis Aulus Atticus
praefectus cohortis, iuvenili ardore et ferocia equi hostibus
inlatus.

    38. Et nox quidem gaudio praedaque laeta victoribus;
Britanni palantes mixto virorum mulierumque ploratu trahere
vulneratos, vocare integros, deserere domos ac per iram ultro
incendere, eligere latebras et statim relinquere; miscere in
vicem consilia [aliqua], dein separare; aliquando frangi aspectu
pignorum suorum, saepius concitari. satisque constabat
saevisse quosdam in coniuges ac liberos, tamquam misererentur. proximus dies faciem victoriae latius aperuit: vastum
ubique silentium, secreti colles, fumantia procul tecta, nemo
exploratoribus obvius. quibus in omnem partem dimissis, ubi
incerta fugae vestigia neque usquam conglobari hostes compertum et exacta iam aestate spargi bellum nequibat, in fines
Borestorum exercitum deducit. ibi acceptis obsidibus praefecto classis circumvehi Britanniam praecipit. datae ad id
vires, et praecesserat terror. ipse peditem atque equites lento
itinere, quo novarum gentium animi ipsa transitus mora
terrerentur, in hibernis locavit. et simul classis secunda tempe-

---

3 satietas H : sacietas A : saueatas B   decem milia A : X. mil. B : decemilia H   4 praefectus H A : praes. B   5 iuuenili H^c A B : iuuenali H   inlatus H^c : illatus A B : inlati H   7 brittani H (*Puteolanus*) : Britannique A B   8 mixto H : mixtoque A B   11 aliqua *secl. Classen et Wölfflin*   13 misererent B   14 ubique H^c A B : ibique H   15 deserti *Ernesti, recte ut opinor*   16 dimissis H^c A B : demissis H   17–18 et exacta H^c A B : exacta H   19 deducit H A B : reducit H^m   profecto B   22 terrentur B

state ac fama Trucculensem portum tenuit, unde proximo Britanniae latere praelecto omnis redierat.

1   39. Hunc rerum cursum, quamquam nulla verborum iactantia epistulis Agricolae auctum, ut erat Domitiano moris, fronte laetus, pectore anxius excepit. inerat conscientia derisui fuisse nuper falsum e Germania triumphum, emptis per commercia quorum habitus et crines in captivorum speciem formarentur; at nunc veram magnamque victoriam tot milibus
2   hostium caesis ingenti fama celebrari. id sibi maxime formidolosum, privati hominis nomen supra principem attolli. frustra studia fori et civilium artium decus in silentium acta, si militarem gloriam alius occuparet; cetera utcumque facilius dissi-
3   mulari, ducis boni imperatoriam virtutem esse. talibus curis exercitus, quodque saevae cogitationis indicium erat, secreto suo satiatus, optimum in praesentia statuit reponere odium, donec impetus famae et favor exercitus langueceret; nam etiamtum Agricola Britanniam obtinebat.

1   40. Igitur triumphalia ornamenta et inlustris statuae honorem et quidquid pro triumpho datur, multo verborum honore

---

1 trucculensem H A : trutulensem H^m A^m : trutulens est B (*ex* trutulensē H^m) : Rutupiensem *Lipsius* (Rutupensem *iam Rhenanus; v. Murgia, Class. Phil. 72, 1977, 339*)   1–2 unde ... redierat *obscurum*   2 praelecto T : prelecta H   praelecta A^m : lecto H^m A B   omnis H : omni H^c A B   3 nulla H^c A : ulla H : in illa B   4 auctum *Lipsius* : actum H A B   (ut erat) Domitiano moris H^m : ut Domitiano moris erat A : ut erat Domitianus H A^m : ut Domitianus erat B   5 excepit *Puteolanus* : excipit H A : cẹpit B   7 quorum H^c A B : quarum H   crines *Puteolanus* : crinis H A B   formarentur H^c A B : formarent H   8 at H^c A B : ad H   9 formidolosum A B : formidulosum H   10 principem H (*Nipperdey*) : principis A B   12 cetera H (*Wex*) : et cetera A B   utcumque H^c A B : autcumque H   14 quodque H^c A : quoque H : quodue B   saeuae H^c A B : saeuire H   15 praesentia H A B : praesens H^m

cumulata, decerni in senatu iubet addique insuper opinionem,
Syriam provinciam Agricolae destinari, vacuam tum morte
Atili Rufi consularis et maioribus reservatam. credidere 2
plerique libertum ex secretioribus ministeriis missum ad
5 Agricolam codicillos, quibus ei Syria dabatur, tulisse cum eo
praecepto ut, si in Britannia foret, traderentur; eumque libertum in ipso freto Oceani obvium Agricolae, ne appellato
quidem eo ad Domitianum remeasse, sive verum istud, sive ex
ingenio principis fictum ac compositum est. tradiderat interim 3
10 Agricola successori suo provinciam quietam tutamque. ac ne
notabilis celebritate et frequentia occurrentium introitus esset,
vitato amicorum officio noctu in urbem, noctu in Palatium,
ita ut praeceptum erat, venit; exceptusque brevi osculo et
nullo sermone turbae servientium immixtus est. ceterum uti 4
15 militare nomen, grave inter otiosos, aliis virtutibus temperaret, tranquillitatem atque otium penitus hausit, cultu modicus,
sermone facilis, uno aut altero amicorum comitatus, adeo ut
plerique, quibus magnos viros per ambitionem aestimare mos
est, viso aspectoque Agricola quaererent famam, pauci inter-
20 pretarentur.

41. Crebro per eos dies apud Domitianum absens accusa- 1
tus, absens absolutus est. causa periculi non crimen ullum aut
querela laesi cuiusquam, sed infensus virtutibus princeps et
gloria viri ac pessimum inimicorum genus, laudantes. et ea 2
25 insecuta sunt rei publicae tempora, quae sileri Agricolam non

---

1 additque *Muretus*   2 Atili H^c (a-) A : atilli H : Actilii B
4 missum] *hac voce finitur quaternio veteris codicis, sed adnotationes*
H^m *in margine foliorum 69 et 76 a Stephano Guarnieri rescriptorum*
exstant et pauca ipsius textus frustula legi possunt (v. Till, Handschr.
Unters. 21sqq.)   5 ei E A : eis B   eo *om.* A B   6 Britannia
Puteolanus : Britanniam E A B   13 praetemptum B   14 turbae *om.*
B   16 hausit *Wex* : auxit E A B

34 AGRICOLA 41,2–42,2

sinerent: tot exercitus in Moesia Daciaque et Germania et Pannonia temeritate aut per ignaviam ducum amissi, tot militares viri cum tot cohortibus expugnati et capti; nec iam de limite imperii et ripa, sed de hibernis legionum et posses-
3 sione dubitatum. ita cum damna damnis continuarentur atque omnis annus funeribus et cladibus insigniretur, poscebatur ore vulgi dux Agricola, comparantibus cunctis vigorem, constantiam et expertum bellis animum cum inertia et formidine
4 eorum, ⟨…⟩. quibus sermonibus satis constat Domitiani quoque aures verberatas, dum optimus quisque libertorum amore et fide, pessimi malignitate et livore pronum deterioribus principem exstimulabant. sic Agricola simul suis virtutibus, simul vitiis aliorum in ipsam gloriam praeceps agebatur.
1 42. Aderat iam annus, quo proconsulatum Africae et Asiae sortiretur, et occiso Civica nuper nec Agricolae consilium deerat nec Domitiano exemplum. accessere quidam cogitationum principis periti, qui iturusne esset in provinciam ultro Agricolam interrogarent. ac primo occultius quietem et otium laudare, mox operam suam in adprobanda excusatione offerre, postremo non iam obscuri suadentes simul terrentesque
2 pertraxere ad Domitianum. qui paratus simulatione, in adrogantiam compositus, et audiit preces excusantis et, cum ad-

1 Moesia E (*Lipsius*) : Misia A B   2 tot (H) E^m A B : totis H^m E
4 possessionum B   7 uigorem et constantiam B   8 cum inertia et formidine (H) E A B : inertiae et formidini H^m E^m A^m   eorum E A B : aliorum *Croll* (ceterorum *Grotius*) : illorum *Schütz, alii* : *lacunam statuit Bach, quam sic explevit Halm:* quibus exercitus committi solerent
9 Domitianum B   12 ex(s)timulabant (H) E A B : existimulabant H^m E^m   13 aliorum ipsa gloria *Madvig*   14 Africae (aph- A) et asiae E A : Asiae et Africae (Aph- B) B *Puteolanus* : Asiae aut Africae *Lipsius*
15 aderat B   20 iam *Rhenanus* : tam E A B   obscuri E^c A B : obscuris E   21 simulatione E A B : simulationis (H^m ?) E^m A^m
22 annuisset A B : amnuisset E

nuisset, agi sibi gratias passus est, nec erubuit beneficii invidia.
salarium tamen proconsulare solitum offerri et quibusdam a
se ipso concessum Agricolae non dedit, sive offensus non
petitum, sive ex conscientia, ne quod vetuerat videretur
emisse. proprium humani ingenii est odisse quem laeseris; 3
Domitiani vero natura praeceps in iram, et quo obscurior, eo
inrevocabilior, moderatione tamen prudentiaque Agricolae
leniebatur, quia non contumacia neque inani iactatione libertatis famam fatumque provocabat. sciant, quibus moris est 4
inlicita mirari, posse etiam sub malis principibus magnos viros
esse, obsequiumque ac modestiam, si industria ac vigor adsint,
eo laudis excedere, quo plerique per abrupta, sed in nullum rei
publicae usum, ambitiosa morte inclaruerunt.

    43. Finis vitae eius nobis luctuosus, amicis tristis, extraneis 1
etiam ignotisque non sine cura fuit. vulgus quoque et hic aliud
agens populus et ventitavere ad domum et per fora et circulos
locuti sunt; nec quisquam audita morte Agricolae aut laetatus
est aut statim oblitus [est]. augebat miserationem constans 2
rumor veneno interceptum: ⟨...⟩ nobis, nihil comperti adfir-
mare ausim. ceterum per omnem valetudinem eius crebrius
quam ex more principatus per nuntios visentis et libertorum
primi et medicorum intimi venere, sive cura illud sive inquisi-
tio erat. supremo quidem die momenta ipsa deficientis per 3
dispositos cursores nuntiata constabat, nullo credente sic

---

2 proconsulare E (*Bletterius apud Brotier*) : proconsulari E^c A B
5 laeseris E^c A B : laeserit E   **12** escendere *Lipsius*   plerique ⟨qui⟩
Maehly, alii   nullum (H^m ?) E^m A^m : ullum E A B   rei publicae
Muretus : rei post E A B : re p̄ (H^m ?) E^m A^m **16** et per circulos B
18 est *del. Muretus* : oblitus. et *Wex*   **19** lacunam statui *Mus. Helv. 27,
1970, 234* : ⟨ut⟩ adf. *Wex* : ⟨quod⟩ adf. *Acidalius* : ⟨quo⟩ adf. *Heubner,
Rh. Mus. 116, 1973, 362*   **21** uisentis (H) E^c A : uisentes H^m E :
uiseritis B   **24** constabat E (*Rhenanus*) : constabant A B

adcelerari quae tristis audiret. speciem tamen doloris habitu vultuque prae se tulit, securus iam odii et qui facilius dissimu-
4 laret gaudium quam metum. satis constabat lecto testamento Agricolae, quo coheredem optimae uxori et piissimae filiae Domitianum scripsit, laetatum eum velut honore iudicioque.
5 tam caeca et corrupta mens adsiduis adulationibus erat, ut nesciret a bono patre non scribi heredem nisi malum principem.

1   44. Natus erat Agricola Gaio Caesare ter⟨tium⟩ consule idibus Iuniis: excessit quarto et quinquagesimo anno, decimum kalendas Septembris Collega Prisc⟨in⟩oque consulibus.
2 quod si habitum quoque eius posteri noscere velint, decentior quam sublimior fuit. nihil impetus in vultu; gratia oris supere-
3 rat. bonum virum facile crederes, magnum libenter. et ipse quidem, quamquam medio in spatio integrae aetatis ereptus, quantum ad gloriam, longissimum aevum peregit. quippe et vera bona, quae in virtutibus sita sunt, impleverat, et consulari ac triumphalibus ornamentis praedito quid aliud adstruere fortuna poterat? opibus nimiis non gaudebat, speciosae conti-

1 habitu *Ernesti* : animo E A B   3 constabat (H) E A B : constat H^m E^m   9 Gaio E : Caio A : C. B   tertium *Ursinus* : ter E A B   10 quarto *Petavius* (*Animadversiones p. 98 in: Sancti Epiphanii ... opera, Parisiis 1622*) : sexto E A B   decimum E : decimo A B   11 Priscino *Hirschfeld, Kl. Schr. 846¹* (*Waddington, Fastes des provinces asiatiques, 1872*) *et Harrer, Class. Phil. 12, 1917, 197sq.* (*cf. Dessau ILS 9059*) : Prisco E A : Pisco B   13 impetus (H) E A : metus H^m E^m A^m : metus et impetus B   superat B   17 sunt *om.* B   19–37,1 speciosae contigerant H^m E^m A^m : speciosae non contigerant (contingerant B) (H) E A B   19–37,1 *post* contigerant *primus interpunxit Rhenanus, post* superstitibus A B, *sine interpunctione* E

gerant. filia atque uxore superstitibus potest videri etiam 4
beatus incolumi dignitate, florente fama, salvis adfinitatibus et
amicitiis futura effugisse. nam sicut ⟨e⟩i ⟨non licuit⟩ durare in 5
hanc beatissimi saeculi lucem ac principem Traianum videre,
quod augurio votisque apud nostras aures ominabatur, ita
festinatae mortis grave solacium tulit evasisse postremum
illud tempus, quo Domitianus non iam per intervalla ac
spiramenta temporum, sed continuo et velut uno ictu rem
publicam exhausit.

45. Non vidit Agricola obsessam curiam et clausum armis 1
senatum et eadem strage tot consularium caedes, tot nobilissi-
marum feminarum exilia et fugas. una adhuc victoria Carus
Mettius censebatur, et intra Albanam arcem sententia Messa-
lini strepebat, et Massa Baebius etiamtum reus erat. mox
nostrae duxere Helvidium in carcerem manus; nos Maurici
Rusticique visus ⟨…⟩, nos innocenti sanguine Senecio perfu- 2
dit. Nero tamen subtraxit oculos suos iussitque scelera, non
spectavit; praecipua sub Domitiano miseriarum pars erat
videre et aspici, cum suspiria nostra subscriberentur, cum

---

1 filia … superstitibus *post* fama *posuit Doederlein, post* amicitiis
Urlichs, ego glossema esse suspicor [: superstitibus ⟨obiit⟩ *Watt, AJP 108,
1987, 466* : ⟨haud infelix obiit; nobis⟩ *Wellesley, LCM 17,4, 1992, 42f.; cf.
LCM 17,4, 1992, 50, fortasse recte*]   uxore (H) E A A^m B : uxoris H^m
E^m 3 sicut ei non licuit *Dahl* : sicuti E A B   3–4 hanc … lucem
Acidalius : hac … luce E A B   6 graue H E^m A^m : grande H^m E A B
8 uelut E A B : uel E^m 9 exhausit (H) E A B : hausit H^m E^m
10 clausum B : clusum E A   12 carus E : charus A : clarus B   Mettius
H^m (m-) E^m A^c : Mitius E : mitius (H) A B   13 arcem (H) E A B :
uillam H^m E^m A^m 14 etiam tum E (*Gronov*) : iam tum A : tum B
15–16 nos Maurici Rusticique uisus (H) E A B : nos Mauricum
(Mauricium A) Rusticumque diuisimus H^m E^m A^m 16 ⟨notavit⟩
temptavi Mus. Helv. 27, 1970, 234^{43} : ⟨adflixit⟩ *Reitzenstein, alii alia*

denotandis tot hominum palloribus sufficeret saevus ille vultus et rubor, [a] quo se contra pudorem muniebat.

3 Tu vero felix, Agricola, non vitae tantum claritate, sed etiam opportunitate mortis. ut perhibent qui interfuere novissimis sermonibus tuis, constans et libens fatum excepisti, tamquam pro virili portione innocentiam principi donares. 4 sed mihi filiaeque eius praeter acerbitatem parentis erepti auget maestitiam, quod adsidere valetudini, fovere deficientem, satiari vultu complexuque non contigit. excepissemus 5 certe mandata vocesque, quas penitus animo figeremus. noster hic dolor, nostrum vulnus, nobis tam longae absentiae condicione ante quadriennium amissus est. omnia sine dubio, optime parentum, adsidente amantissima uxore superfuere honori tuo; paucioribus tamen lacrimis compositus es, et novissima in luce desideravere aliquid oculi tui.

1 46. Si quis piorum manibus locus, si, ut sapientibus placet, non cum corpore exstinguuntur magnae animae, placide quiescas, nosque domum tuam ab infirmo desiderio et muliebribus lamentis ad contemplationem virtutum tuarum voces, 2 quas neque lugeri neque plangi fas est. admiratione te potius [temporalibus] et laudibus et, si natura suppeditet, similitudine colamus. is verus honos, ea coniunctissimi cuiusque

---

2 a *secl. Lipsius*   **4** perhibent *Puteolanus* : perhiberent E A B   interfuere E : interfuerunt A B   **9** excepissemus *Acidalius* : excepissem E A B   **10** figeremus H E A B : pingeremus H^m E^m A$^{v.l.}$ **11** nobis E A^c : *om.* A B   tam H^m E$^{v.l.}$ A B : tum (H) E A^m longe E A$^{v.l.}$: longa E$^{v.l.}$ A : nostrae B   **14** compositus (H) E^m A^m : comploratus H^m E A B   **18** nosque ⟨et⟩ *Urlichs*   **18–19** mulieribus B   **20** te potius H^m E$^{v.l.}$ A B : potius (H) E   **21** temporalibus (H) E A B : temporibus H^m E^m : *del. Muretus ut ex* te potius *ortum*   et laudibus E : laudibus A B   **21–22** similitudine *Grotius* : militum H E A : multum B   **22** colamus *Muretus* : decoramus H E A B : decoremus *Ursinus*   honos A B : honor E

pietas. id filiae quoque uxorique praeceperim, sic patris, sic 3
mariti memoriam venerari, ut omnia facta dictaque eius secum
revolvant, formamque ac figuram animi magis quam corporis
complectantur, non quia intercedendum putem imaginibus
quae marmore aut aere finguntur, sed, ut vultus hominum, ita
simulacra vultus imbecilla ac mortalia sunt, forma mentis
aeterna, quam tenere et exprimere non per alienam materiam
et artem, sed tuis ipse moribus possis. quicquid ex Agricola 4
amavimus, quicquid mirati sumus, manet mansurumque est in
animis hominum, in aeternitate temporum, fama rerum; nam
multos veterum velut inglorios et ignobiles oblivio obruet:
Agricola posteritati narratus et traditus superstes erit.

3 formamque T (?) *Muretus* : famamque E A B   6 imbecillia B
10 ⟨in⟩ fama *Halm*   11 obruet H E A B (*et Decembrius, qui tamen in
descriptione codicis vocem* veterum *omisit; v. Till, Handschr. Unters. 6*) :
obruit (*perf.*) *Haupt, Rh. Mus. 3, 1845, 152* [*recte* : (*Heubner,
Kommentar zum Agricola des Tacitus* (Göttingen 1984), *138*)]

CORNELII TACITI DE VITA IVLI AGRICOLAE LIB̄ EXPLIC̄ H
CORNELII TACITI DE VITA ET MORIBVS IVLII AGRICOLAE
LIBER EXPLICIT E   τέλος B

INDEX NOMINVM

Africa 42,1
Agricola *vide* Iulius
Albana arx 45,1
Aquitania 9,1
Arulenus Rusticus 2,1; 45,1
Asia 6,2; 42,1
Atilius Rufus 40,1
Atticus, Aulus 37,6
Augustus 13,2

Baebius Massa 45,1
Batavi 36,1.2
Bodotria 23; 25,1.3
Boresti 38,2
Boudicca 16,1
Brigantes 17,1; 31,4
Britanni *passim*
Britannia *passim*

Caesares 4,1
Caledonia 10,3; 11,2; 25,3; 27,1; 31,4
Calgacus 29,4
Civica 42,1
Claudius 13,3
Clota 23
Collega 44,1

Dacia 41,2
Didius Gallus 14,2

Domitia Decidiana 6,1
Domitianus 7,2; 39,1; 40,2; 41,1.4; 42,1.3; 43,4; 44,5; 45,2

Fabius Rusticus 10,3
Foroiuliensium colonia 4,1
Frisii 28,3

Gaius Caesar (Caligula) 4,1; 13,2; 44,1
Galba 6,5
Galli 10,2; 11,2.3.4; 21,2; 32,1.3
Gallicum mare 24,1
Germani 32,1.3
Germania(e) 10,2; 13,2; 15,3; 28,1; 39,1; 41,2
Germanica origo 11,2
Graeca comitas 4,2
Graupius mons 29,2

Helvidius Priscus 2,1; 45,1
Herennius Senecio 2,1; 45,1
Hiberi 11,2
Hibernia 24,1.3
Hispania 10,2; 11,2; 24,1

Intimilii 7,1
Iulia Procilla 4,2

Iulius (C. Caesar) 13,1; 15,4
Iulius Agricola *passim*
Iulius Frontinus 17,2
Iulius Graecinus 4,1

Liguria 7,1
Livius 10,3

Massilia 4,2
Mauricus 45,1
Messalinus 45,1
Mettius Carus 45,1
Moesia 41,2
Mona 14,3; 18,3
Mucianus 7,2

Nero 6,3.5; 45,2
Nerva Caesar 3,1

Occidens 30,4
Oceanus 10,6; 12,6; 15,3; 25,1; 40,2
Orcades 10,4
Ordovices 18,1.2
Oriens 30,4
Ostorius Scapula 14,1
Othoniana classis 7,1

Palatium 40,3
Pannonia 41,2
Petilius Cerialis 8,2; 17,1.2
Petronius Turpilianus 16,3
Plautius, Aulus 14,1
Priscinus 44,1

Romana arma 24,3; – classis 10,4; 30,1; – lingua 21,2; – notitia 10,2; Romani 13,1; 30,2.3; 32,1.2; Romanum imperium 33,2; – nomen 23,1; Romanus 4,3; Romanus dux 15,5; – populus 2,2; 14,1; – sanguis 35,2
Rutilius 1,3

Salvius Titianus 6,2
Scaurus 1,3
Silanus, Marcus 4,1
Silures 11,2; 17,2
Suebi 28,3
Suetonius Paulinus 5,1; 14,3; 16,2; 18,3
Syria 40,1.2

Taus 22,1
Thrasea Paetus 2,1
Thule 10,4
Tiberius 13,2
Togidumnus 14,1
Traianus Nerva 3,1; 44,5
Trebellius Maximus 16,3.4
Trucculensis portus 38,4
Tungri 36,1

Usipi 28,1; 32,3

Veranius 14,2
Vespasianus 7,2; 9,1; 13,3; 17,1
Vettius Bolanus 8,1; 16,5

Bei Fragen zur Produktsicherheit wenden Sie sich bitte an:
If you have any questions regarding product safety,
please contact:

Walter de Gruyter GmbH
Genthiner Straße 13
10785 Berlin
productsafety@degruyterbrill.com